UN PENSAMIENTO PARA CADA DÍA/8
Colección dirigida por José A. Martínez Puche, O.P.

366 textos de

San Ignacio de Loyola

Selección de textos:
Pablo Cervera Barranco

EDIBESA
Madre de Dios, 35 bis
Tel.: 91 345 19 92 - Fax: 91 350 50 99
E-mail: edibesa@planalfa.es
www.edibesa.com
28016 MADRID

Colección:
«UN PENSAMIENTO PARA CADA DÍA», n.º 8 (18708)

© EDIBESA
Madre de Dios, 35 bis
28016 MADRID
Teléfono: 91 345 19 92 - Fax: 91 350 50 99
edibesa@planalfa.es
www.edibesa.com

ISBN: 978-84-8407-934-7
Depósito legal: M. 31.719-2010

Impreso en España - Printed in Spain
Por: Impresos y Revistas, S. A. (Grupo IMPRESA)

BIOGRAFÍA

Íñigo López de Loyola (1491-1521) fue el último hijo de una numerosa (ocho varones y tres mujeres) y distinguida familia. Cuando tenía 17 años se incorporó en Arévalo (Ávila) a la familia del contador mayor (ministro de Hacienda) de los reyes, Juan Velásquez de Cuéllar. Allí permaneció unos diez años hasta que pasó a trabajar para el Duque de Nájera, virrey de Navarra, junto al cual Íñigo se asentó como gentilhombre de corte. Durante su servicio tomó parte en la defensa de Pamplona al ser atacada (1521) por el ejército francés y fue herido por una bala que le rompió una pierna y le lesionó otra. Al ser herido, la guarnición del castillo capituló ante el ejército francés.

Conversión y peregrinaciones (1521-1524)

Los vencedores lo enviaron a su Castillo de Loyola a que fuera tratado de su herida. Le hicieron tres operaciones en la rodilla, dolorosísimas, y sin anestesia; pero no permitió que lo atasen ni que nadie lo sostuviera. Durante las operaciones no prorrumpió ni una queja. Los médicos se admiraban. Para que la pierna operada no le quedara más corta le amarraron unas pesas al pie y así estuvo por semanas con el pie en alto, soportando semejante peso. Sin embargo quedó cojo para toda la vida.

Durante su convalecencia en su casa solariega de Loyola leyó numerosos libros religiosos (*La vida de Cristo* y el *Flos sanctorum*) y esta lectura le provocó una lucha interior que abrió su corazón a su conversión. Decidió romper con su vida pasada y empezar una nueva. Al las historias de los grandes santos pensaba: «¿Y por qué no tratar de imitarlos? Si ellos pudieron llegar a ese grado de espiritualidad, ¿por qué no lo voy a lograr yo? ¿Por qué no tratar de ser como San Francisco, Santo Domingo, etc.? Estos hombres estaban hechos del mismo barro que yo».

Mientras se proponía seriamente convertirse, una noche se le apareció Nuestra Señora con su Hijo Santísimo. La visión lo consoló inmensamente. Desde entonces se propuso no dedicarse a servir a gobernantes de la tierra sino al Rey del cielo.

Salió de Loyola en 1522 con la idea de dirigirse a Barcelona y de allí a Roma. Se detuvo en el santuario mariano de Aránzazu y en Montserrat, donde se preparó por un tiempo a una confesión general que duró tres días. El 25 de marzo de ese año se desvió al pueblo de Manresa y su estancia se prolongó once meces que se pueden dividir en tres períodos: el primero, de calma en un mismo estado interior; el segundo, de terribles luchas interiores, dudas y escrúpulos acerca de sus confesiones pasadas; el tercero, de consolaciones e iluminaciones divinas (la ilustración del Cardoner tiene lugar en esas fechas).

Orando en Manresa adquirió el así llamado «discernimiento de espíritus», que consiste en saber determinar qué es lo que le sucede a cada alma y cuáles son los consejos que más necesita, y saber distinguir lo bueno de lo malo. A un amigo suyo le decía después: «En una hora de oración en Manresa aprendí más a dirigir almas, que todo lo que hubiera podido aprender asistiendo a universidades».

Lo que vio en Manresa probablemente fue el nuevo rumbo que había de imprimir a su vida: cambiar el ideal del peregrino solitario por el de trabajar en bien de las almas, con compañeros que quisiesen seguirle en la empresa. En este tiempo de Manresa hizo los *Ejercicios Espirituales* que practicó antes de escribirlos. En abril de 1523 peregrinó a Tierra Santa, entonces bajo el dominio de Solimán el Magnífico.

Estudios y fundación de la Compañía de Jesús (1524-1540)

Se le impidió permanecer en Tierra Santa y comienza su tardía pero larga vocación de estudiante, que lo llevará a Barcelona, Alcalá de Henares, Salamanca y París.

Vestía muy pobremente y vivía de limosna. Reunía niños para enseñarles religión; hacía reuniones de gente sencilla para tratar temas de espiritualidad, y convertía pecadores hablándoles amablemente de lo importante que es salvar el alma.

Lo acusaron injustamente ante la autoridad religiosa y estuvo dos meses en la cárcel. Después lo declararon inocente, pero había gente que lo perseguía. El consideraba todos estos sufrimientos como un medio que Dios le proporcionaba para que fuera pagando sus pecados. Y exclamaba: «No hay en la ciudad tantas cárceles ni tantos tormentos como los que yo deseo sufrir por amor a Jesucristo».

En torno a él se forma en la universidad de París un grupo de 7 compañeros: Pedro Fabro, Francisco Javier, Laínez, Salmerón, Simón Rodríguez y Nicolás Bobadilla. Consiguieron el doctorado en aquella universidad y daban muy buen ejemplo a todos.

Hacen voto de castidad, obediencia y pobreza, el día 15 de Agosto de 1534, fiesta de la Asunción de María, y de trasladarse a Palestina para ser allí misioneros, o, si no lo lograban al cabo de un año, ponerse a las órdenes del Papa (voto de Montmartre, año 1534). Ordenados sacerdotes en Venecia, mientras aguardan inútilmente la oportunidad de embarcarse para Tierra Santa, se ponen a las órdenes del Papa Paulo III, el cual aprueba la Compañía de Jesús el año 1540. A los tres votos arriba mencionados, se agregaría el de ir a trabajar por el bien de las almas adondequiera que el Papa lo ordenase.

Íñigo, esperó un año desde el día de su ordenación hasta el día de la celebración de su primera misa (en la basílica de Santa María la Mayor en Roma), para prepararse lo mejor posible a celebrarla con todo fervor.

Resolvieron que, si alguien les preguntaba el nombre de su asociación, responderían que pertenecían a la Compañía de Jesús, porque estaban decididos a luchar contra el vicio y el error bajo el estandarte de Cristo. Durante el viaje a Roma, mientras oraba en la capilla de La Storta, el Señor se apareció a Ignacio, rodeado por un halo de luz inefable, pero cargado con una pesada cruz. Cristo le dijo: «*Ego vobis Romae propitius ero:* Os seré propicio en Roma».

En el año 1541 se redactó un proyecto de *Constituciones* y el 8 de abril de ese año se elige como primer General a Ignacio.

Actividad en Roma como General (1540-1556)

En su actividad durante el generalato, además de su apostolado directo en la ciudad de Roma, se dedica a escribir las *Constituciones de la Compañía*. Cabe destacar la expansión de la Compañía de Jesús por varios países de Europa (Alemania: beato Pedro Fabro, san Pedro Canisio; España....), Brasil y el lejano Oriente (san Francisco Javier), el celo por la defensa de la fe en los países amenazados por el protestantismo y sus relaciones con los orientales. El número de los jesuitas a la muerte de Ignacio giraba en torno al millar. Ignacio dio a la Compañía de Jesús una orientación netamente misionera. En los quince años de su gobierno logró darle una organización ejemplar, infundirle un espíritu y abrirle las puertas hacia un apostolado universal.

El Colegio que san Ignacio fundó en Roma llegó a ser modelo en el cual se inspiraron muchísimos colegios más, y hoy es la célebre Universidad Gregoriana de Roma.

Los jesuitas fundados por San Ignacio llegaron a ser los más sabios adversarios de los protestantes y combatieron y detuvieron en todas partes al protestantismo. Les recomendaba que tuvieran mansedumbre y gran respeto hacia el adversario pero que se presentaran muy instruidos para combatirlos. Él deseaba que el apóstol católico fuera muy instruido.

Ignacio fue, a un mismo tiempo, un incansable hombre de acción y un ferviente contemplativo. Su más noble ideal fue promover la *mayor gloria de Dios* por todos los medios a su alcance, "fue un *contemplativo en la acción*" (Jerónimo Nadal).

Murió en la madrugada del 31 de julio del año 1556. Está enterrado en la iglesia del Gesù de Roma. Beatificado el 27 de julio de 1609, fue canonizado por Gregorio XV el 12 de marzo de 1622, junto a Francisco Javier, Teresa de Jesús, Isidro Labrador y Felipe Neri. Pío XI le nombró (1922) *patrono de todos los Ejercicios Espirituales* y de las obras que los promueven.

BIBLIOGRAFÍA

1. Textos y estudios

Ignacio Iparraguirre - Cándido Dalmases - Manuel Ruiz Jurado, *Obras Completas de San Ignacio de Loyola* (BAC, Madrid ⁵1991).

Manuel Iglesias (Ed.), *Ejercicios espirituales de San Ignacio de Loyola* (Editorial Monte Carmelo, Burgos 2004).

Ignacio Iparraguirre, *Espíritu de San Ignacio de Loyola. Perspectivas y actitudes ignacianas de espiritualidad* (Ediciones Mensajero, Bilbao 1958).

Darío López Tejada, *Ejercicios espirituales de San Ignacio de Loyola: comentario y textos afines* (EDIBESA, Madrid 1998).

François Bécheau, *Ignacio de Loyola* (Editorial Ciudad Nueva, Madrid 2002).

Tomás Spidlik, *Ignacio de Loyola y la espiritualidad ignaciana: guía para la lectura de los ejercicios espirituales* (Ediciones Mensajero, Bilbao 2008).

2. Biografías

Ignacio Iglesias, *San Ignacio de Loyola. De Íñigo, el hombre en busca de Dios al Ignacio compañero de Jesús.* (EDIBESA, Madrid 2010)

Pablo Cervera Barranco (Ed.), *Autobiografía de San Ignacio de Loyola* (Editorial Monte Carmelo, Burgos 2004).

Cándido de Dalmases, *El padre maestro Ignacio: breve biografía ignaciana* (BAC, Madrid 1986).

Ricardo García Villoslada, *San Ignacio de Loyola: nueva biografía* (BAC, Madrid 1986).

André Revier, *Ignacio de Loyola, fundador de la Compañía de Jesús* (Espasa-Calpe, Madrid 1991).

Manuel Ruiz Jurado, *El peregrino de la voluntad de Dios: biografía espiritual de San Ignacio de Loyola* (BAC, Madrid 2005).

José Ignacio Tellechea Idígoras, *Ignacio de Loyola, solo y a pie* (Ediciones Sígueme, Salamanca [11]2009

Louis De Wohl, *El hilo de oro: vida y época de San Ignacio de Loyola* (Ediciones Palabra, Madrid [2]2009).

ENERO

1 ENERO
SANTA MARÍA MADRE DE DIOS.
Santos Manuel y Fulgencio

Traer a la memoria los **beneficios recibidos** de creación, redención y dones particulares, ponderando con mucho afecto cuánto ha hecho Dios nuestro Señor por mí, y cuánto me ha dado de lo que tiene, y, como consecuencia, cómo el mismo Señor desea dárseme en cuanto puede, según su ordenación divina.

2 ENERO
Santos Basilio y Gregorio, Adalardo

Así como el pasear, caminar y correr son ejercicios corporales, de la misma manera todo modo de preparar y disponer el alma para quitar de sí todas las afecciones desordenadas, y después de quitadas buscar y hallar la voluntad divina en la disposición de su vida para la salud del alma, se llaman **ejercicios espirituales**.

3 ENERO
Santísimo Nombre de Jesús. Santos Antero y Genoveva

Si Dios me pusiese en el infierno, se me representaban dos partes: la una, la pena que padecería allí; la otra cómo su nombre se blasfema allí; cerca la primera no podía sentir ni ver pena, y así me parecía y se me representaba ser**me más molesto en oír blasfemar su santísimo nombre.**

4 ENERO
Santas Genoveva Torres, Isabel Ana Seton, Zedíslava de Lemberk. Beato Manuel González

En los actos de la voluntad, cuando hablamos vocal o mentalmente con Dios nuestro Señor o con sus santos, se requiere de nuestra parte mayor **reverencia** que cuando usamos del entendimiento entendiendo.

5 ENERO
Santos Deogracias, Juan N. Neumann, Emiliana

Pedir gracia a Dios nuestro Señor, para que todas mis intenciones, acciones y operaciones [actividad interior y exterior] se ordenen puramente al servicio y alabanza de su divina majestad.

6 ENERO
EPIFANÍA DEL SEÑOR.
Santos Andrés Corsini, Pedro Tomás

La experiencia nos muestra que muchos letrados grandes [...] se guardan para sí sus **letras**, privados del fin principal que con ellas deberían pretender, que es **aprovechar a sus prójimos.**

7 ENERO
Santos Raimundo de Peñafort, Luciano, Ciro

Deseo que se asentase mucho en vuestras ánimas, que es muy bajo, el **primero grado de obediencia**, que consiste en la ejecución de lo que es mandado, y que no merece el nombre, por no llegar al valor de esta virtud, si no se sube al **segundo**, de hacer suya la voluntad del Superior; en manera que no solamente haya ejecución en el efecto, pero conformidad en el afecto con un mismo querer y no querer. [...] Pero quien pretende hacer entera y perfecta oblación de sí mismo, además de la voluntad es menester que ofrezca el entendimiento (que es otro grado y supremo de obediencia), no solamente teniendo un querer, pero teniendo un sentir mismo con su Superior, sujetando el propio juicio al suyo, en cuanto la devota voluntad puede inclinar el entendimiento.

8 ENERO
Santos Apolinar, Severino, Lorenzo Justiniano

A fin de **imitar a Cristo nuestro Señor y asemejarme a Él**, de verdad, cada vez más: quiero y escojo la pobreza con Cristo, pobre más que la riqueza; las humillaciones con Cristo humillado, más que los honores, y prefiero ser tenido por idiota y loco por Cristo, el primero que ha pasado por tal, antes que como sabio y prudente en este mundo.

9 ENERO
Santos Eulogio de Córdoba, Adrián

Tened gran cuidado en **predicar la verdad** de tal modo que, si acaso hay entre los oyentes un hereje, le sirva de ejemplo de caridad y moderación cristianas. No uséis palabras duras ni mostréis desprecio por sus errores.

10 ENERO
Santos Gregorio de Nisa, Miltiades, Guillermo

Yo consideraba, sentía dentro de mí mismo y **penetraba en espíritu**, todos los misterios de la fe cristiana.

11 ENERO
Santos Higinio, Honorata, Tomás de Cori

Mirando con **infinito amor como Criador** a su

criatura, pues que siendo infinito y haciéndose finito quiso morir por ella.

12 ENERO
Santos Martino de León, Arcadio, Cesarea

Decís cuántas malicias, celadas y **falsedades os han cercado por todas partes**. Ninguna cosa me maravillo de ello, ni mucho más que fuera; porque a la hora que vuestra persona se determina, quiere y con todas sus fuerzas se esfuerza en gloria, honor y servicio de Dios Nuestro Señor, ésta tal ya pone batalla contra el mundo, y alza bandera contra el siglo, y se dispone a lanzar las cosas altas, abrazando las cosas bajas, queriendo llevar por un hilo lo alto y lo bajo: honra y deshonra, riqueza o pobreza, querido o aborrecido, acogido o desechado, en fin, gloria del mundo o todas injurias del siglo.

13 ENERO
Santos Hilario, Remigio, Gumersindo

Buscar en todas cosas a Dios nuestro Señor, apartando, cuanto es posible, de sí el amor de todas las criaturas, por ponerle en el Criador de ellas, a Él en todas amando y a todas en Él, conforme a la su santísima y divina voluntad.

14 ENERO
Santos Juan de Ribera, Félix de Nola, Eufrasio

Todos se esfuercen de **tener la intención recta**, no solamente acerca del estado de su vida, pero aun de todas cosas particulares, siempre pretendiendo en ellas puramente el servir y complacer a la divina Bondad por sí misma, y por el amor y beneficios tan singulares en que nos previno, más que por temor de penas ni esperanza de premios, aunque de esto deben también ayudarse.

15 ENERO
Santos Francisco F. de Capillas, Arnoldo Janssen, Tarsicia

En la divina bondad considerar que **la ingratitud** es cosa de las más dignas de ser **abominada** delante de nuestro Criador y Señor, y delante de las criaturas capaces de la su divina y eterna gloria, entre todos los males y pecados imaginables, por ser ella desconocimiento de los bienes, gracias y dones recibidos, causa, principio y origen de todos los males y pecados; y por el contrario, el conocimiento y gratitud de los bienes recibidos, cuánto será amado y estimado, así en el cielo como en la tierra.

16 ENERO
Santos Fulgencio, Honorato, Berardo

Pedir vergüenza y confusión de mí mismo,

viendo cuántos han sido condenados por un solo pecado mortal, y cuántas veces **yo merecía ser condenado** para siempre por tantos pecados míos.

17 ENERO
Santos Antonio Abad, Rosalía, Sulpicio

No el mucho saber harta y satisface al alma, sino el **sentir y gustar las cosas** internamente.

18 ENERO
Santos Margarita de Hungría, Prisca, Deícola

Aunque la suma sapiencia y bondad de Dios nuestro Criador y Señor es la que ha de conservar y regir y llevarnos adelante en su santo servicio (…) de nuestra parte, más que ninguna exterior constitución, **la interior ley de la caridad** y amor que el Espíritu Santo escribe e imprime en los corazones ha de ayudar para ello.

19 ENERO
Santos Arsenio, Germánico, Liberata y Faustina

Y cuanto a los **[males] particulares**, es cierto necesario que, quienquiera que se conoce, los reconozca en sí; pues **no dejará de haberlos** en el estado de la presente miseria, hasta que en la fragua del eterno amor de Dios nuestro Criador y Señor se consuma toda nuestra malicia enteramente, siendo penetradas y poseídas del todo nuestras ánimas por Él, y así las voluntades del todo conformadas, transformadas en aquella que es la misma esencial rectitud y perfecta bondad.

20 ENERO
Santos Fabián y Sebastián, Fructuoso, Augurio y Eulogio

Cuando pensaba en aquello del mundo, se deleitaba mucho; pero cuando después lo dejaba por cansancio, se encontraba seco y descontento; y cuando pensaba en ir a Jerusalén descalzo, y en no comer sino hierbas, y en hacer todos los demás rigores que veía que habían hecho los santos, no solamente se consolaba cuando estaba en semejantes pensamientos, sino que, aun después de dejado, quedaba contento y alegre; **viniendo a conocer la diversidad de los espíritus que se agitaban**, el uno del demonio y el otro de Dios.

21 ENERO
Santos Inés, Epifanio, Juan Yi

Tendremos cuidado de guardar el corazón con mucha limpieza en el amor de Dios, de suerte que **ninguna cosa amemos, sino a Él**, y con sólo Dios deseemos conversar, y con el prójimo por amor de Él, y no por nuestros gustos y pasatiempos.

22 ENERO
Santos Vicente Mártir, Vicente Pallotti, Beata Laura Vicuña

En conversar y tratar con muchas personas para la salud y provecho espiritual de las ánimas con favor divino mucho se gana, por el contrario, en la tal **conversación**, si no somos **vigilantes** y favorecidos del Señor nuestro, se pierde mucho de nuestra parte, y a las veces de todas.

23 ENERO
Santos Ildefonso, Francisco Gil de Fréderic, Emerenciana

Una de las cosas en que nos habernos de fundar para agradar a nuestro Señor, será **echar** de nosotros todas **las cosas que nos pueden apartar del amor** de los hermanos, trabajando en amarlos con entrañable caridad; porque dice la suma Verdad: «En esto conocerán todos que sois discípulos míos...»

24 ENERO
Santos Francisco de Sales, Bábila, Feliciano

El alma que desea **aprovecharse en la vida espiritual**, siempre debe proceder de modo contrario a como procede el enemigo: es a saber, si el enemigo quiere ensanchar la conciencia, procure afinarla; asimismo si el enemigo procura afinarla para llevarla al otro extremo, el alma procure consolidarse en el medio, para aquietarse en todo.

25 ENERO
Conversión de San Pablo. Santos Ananías, Beato Enrique Suso

Debemos **siempre tener este principio para acertar en todo**: lo que yo veo blanco, creer que es negro si la Iglesia jerárquica así lo determina; creyendo que entre Cristo nuestro Señor, esposo, y la Iglesia su esposa, es el mismo espíritu el que nos gobierna y rige para la salud de nuestras almas, porque por el mismo Espíritu y Señor nuestro que dio los diez mandamientos, es regida y gobernada nuestra santa madre Iglesia.

26 ENERO
Santos Timoteo y Tito, Paula, Alberico

Así como hace daño el **hablar** mal en ausencia de los mayores a la gente menuda, así puede hacer provecho hablar de las malas costumbres a las mismas personas que pueden remediarlas.

27 ENERO
Santos Ángela de Mérici, Enrique de Ossó, Julián, Mario

Es necesario que, **para escribir prudentemente**, procure de conocer la persona a quien se escribe, y advertir sus cualidades, para conformarse a ellas en lo que se puede. Si es de fuera, la prudencia dicta que a personas en lo temporal grandes, se escriba con más reverencia; a difíciles y ásperas, con más blandura y más retenidamente; a rudas y groseras, más abiertamente; a ingeniosos, con más diligencia; a doctos, con más sabor de doctrina; (…) a iguales, con más familiaridad; a poco conocidos, con respeto y graciosamente, sin demasiado bajarse; (…) Y adviértase que comúnmente en las primeras cartas es necesario más miramiento, en especial con las personas no conocidas; y procúrese que parezca la causa que mueve a escribirles, pía.

28 ENERO
Santos Tomás de Aquino, Julián de Cuenca, Águeda Lin Zhao

En todas las conversaciones, máxime en poner paz y en pláticas espirituales, estar advertidos, haciendo cuenta que todo lo que se habla puede ser o llegar a ser público.

29 ENERO
Santos Valero, Afraates. Beato Manuel Domingo y Sol

En el negociar con todos, y máxime con iguales o menores según dignidad o autoridad, hablar poco y tarde, oír largo y con gusto, oyendo largo hasta que acaben de hablar lo que quieren, después respondiendo a las partes que fueren, dar fin, despidiéndose; si replicaren, cortando las réplicas cuanto pudiere; la despedida presta y graciosa.

30 ENERO
Santos Lesmes, Martina, Jacinta Mariscotti, David Galván

Le venían los deseos de **imitar a los santos**, sin mirar las circunstancias, sino prometiendo que lo haría con la gracia de Dios como ellos lo habían hecho.

31 ENERO
Santos Juan Bosco, Ciro y Juan, Marcela, Waldo

Cuanto a la oración y meditación, no habiendo necesidad especial por tentaciones, como dije, molestas o peligrosas, veo que más aprueba procurar en todas cosas que hombre hace **hallar a Dios**, que dar mucho tiempo junto a ella. Y este espíritu desea ver en los de la Compañía: que no hallen (si es posible) menos devoción en cualquiera obra de caridad y benevolencia que en la oración o meditación; pues no deben hacer cosa alguna sino por amor y servicio de Dios nuestro Señor.

FEBRERO

1 FEBRERO
Santos Ramón de Fitero, Brígida, Severo

La mayor consolación que recibía era mirar el cielo y las estrellas, lo cual hacía muchas veces y durante mucho tiempo, porque con aquello sentía en sí un **deseo muy grande de servir** a nuestro Señor.

2 FEBRERO
PRESENTACIÓN DEL SEÑOR.
PURIFICACIÓN DE MARÍA.

Tomad, Señor, y recibid
toda mi libertad, mi memoria,
mi entendimiento y toda mi voluntad,
todo mi haber y mi poseer;
Vos me lo disteis,
a Vos, Señor, lo torno;
todo es vuestro,
dispuesto a toda vuestra voluntad.
Dadme vuestro amor y gracia
que ésta me basta.

3 FEBRERO
Santos Blas, Óscar, Simeón y Ana

Al que recibe los ejercicios, mucho aprovecha entrar en ellos con gran ánimo y liberalidad con su Criador y Señor, **ofreciéndole todo su querer** y libertad para que su divina majestad, así de su persona como de todo lo que tiene, se sirva conforme a su santísima voluntad.

4 FEBRERO
Santos Catalina de Ricci, Juan de Britto, Rabano Mauro

Le vino un pensamiento recio que le molestó, representándosele la dificultad de su vida, como que si le dijeran dentro del alma: —¿Y cómo podrás tú aguantar esta vida setenta años que has de vivir? Pero a esto le respondió también interiormente con grande fuerza (sintiendo que era del enemigo): —¡Oh miserable! ¿Me puedes prometer tú una hora de vida? Y **así venció la tentación** y quedó tranquilo.

5 FEBRERO
Santos Águeda, Pedro Bautista, Jesús Méndez

Sería bien que mirase que **no sólo se sirve Dios del hombre cuando ora**; que, si así fuese, serían cortas, si fuesen las oraciones de menos de 24 horas al día, si se pudiese, pues todo hombre se debe dar, cuando enteramente pudiere, a Dios.

Pero es así que de otras cosas a tiempos se sirve más que de la oración, y tanto que por ellas la oración huelga él se deje, cuánto más que se abrevie. Así que «conviene orar siempre y no desfallecer»; mas bien entendiéndolo, como los santos y doctores lo entienden.

6 FEBRERO
Santos Pablo Miki, Dorotea, Mateo Correa

El **enemigo de la naturaleza humana** tienta más bajo apariencia de bien cuando la persona se ejercita en la vida iluminativa, y no tanto cuando se ejercita en la vida purgativa.

7 FEBRERO
Santos Ricardo, Juliana.
Beato Anselmo Polanco

Que **oración** de una y dos horas no es oración, y que son menester más horas, es mala doctrina, contra lo que han sentido y practicado los santos.

8 FEBRERO
Santos Jerónimo Emiliani, Josefina Bakhita, Honorato

No puede haber mayor **error en las cosas espirituales** que querer dirigir a los otros según uno mismo; de cien que se entreguen a largas oraciones y penitencias, la mayor parte caerán ordinariamente en grandes inconvenientes: en dureza de juicio.

9 FEBRERO
Santos Apolonia, Miguel Febres, Sabino. Beato Leopoldo de Alpandeire

«El corazón obstinado tendrá mal fin» (*Eclo* 3, 27), pero el **corazón deseoso** de la ayuda de las almas, y del servicio divino, no puede llamarse duro.

10 FEBRERO
Santos Escolástica, Silvano, Guillermo

No os olvidéis de poner cuidado en conservar y **acrecentar el buen espíritu**, y haced todos los días el examen de conciencia; y si podéis, oíd misa y atended a las devociones acostumbradas, aunque se pueden abreviar para ayudar al prójimo, porque es oración lo que por él se hace.

11 FEBRERO
Nuestra Señora de Lourdes. Santos Pedro Maldonado, Sotera

El peregrino, **encontrando un enfermo [de peste]**, lo consoló, tocándole en la mano la llaga; y después de haberle consolado y animado un poco, se fue solo; y la mano le empezó a doler, de modo que le pareció que tenía peste.

Y esta imaginación era tan vehemente, que no la podía vencer, hasta que con gran ímpetu se metió la mano en la boca, dándole muchas vueltas dentro, y diciendo: — Si tú tienes la peste en la mano, la tendrás también en la boca. Y habiendo hecho esto, se le quitó la imaginación y el dolor en la mano.

12 FEBRERO
Santos Eulalia de Barcelona, Mártires de Abitinia

Cuando se iba a acostar, muchas veces le venían grandes ideas, grandes consolaciones espirituales, de modo que le hacían perder mucho tiempo del que él tenía destinado para dormir, que no era mucho; y mirando él algunas veces por esto, vino a pensar consigo que tenía tanto tiempo determinado para tratar con Dios, y después todo el resto del día; y por aquí empezó a dudar si venían de buen espíritu aquellas ideas, y vino a concluir que era mejor dejarlas y **dormir el tiempo destinado**, y lo hizo así.

13 FEBRERO
Santos Benigno, Cástor, Esteban

Yo he pensado en qué cosa me podía dar **melancolía**, y no hallé cosa ninguna, sino si el papa deshiciese la Compañía del todo: y aun con esto, yo pienso que, si un cuarto de hora me recogiese en oración, quedaría tan alegre y más que antes.

14 FEBRERO
Santos Cirilo y Metodio, Valentín, Juan Bautista de la Concepción

Toda **meditación** en la cual trabaja el entendimiento hace fatigar el cuerpo; otras meditaciones ordenadas y descansadas, las cuales son aplicables al entendimiento y no trabajosas a las partes interiores del ánimo, que se hacen sin poner fuerza interior ni exterior, éstas no fatigan al cuerpo, mas hacen descansar.

15 FEBRERO
Santos Claudio de la Colombière, Enésimo, Faustino

A un verdaderamente **mortificado** le basta un cuarto de hora para se unir a Dios en oración.

16 FEBRERO
Santos Elías, Juliana, Maruta

Antes de entrar en la oración repose un poco el espíritu, sentado o paseándose, como le parezca mejor, considerando «a dónde voy y a qué».

17 FEBRERO
Santos Siete Fundadores Servitas, Silvino, Teodoro

Además de las muchas y crecidas **gracias** que el ánima alcanza en recibir a su Criador y Señor, es una **muy principal** y especial, **que no la deja estar en pecado largo ni obstinado**; mas tan presto como cae, aun en los que son mucho pequeños (dado que ninguno se puede decir pequeño en cuanto el objeto es infinito, y más, sumo bien), la levanta presto con mayores fuerzas, y con mayor propósito y firmeza de más servir a su Criador y Señor.

18 FEBRERO
Santos Sadot, Francisco Regis. Beato Fray Angélico

Dios busca en nosotros las **virtudes sólidas**, como es la paciencia, humildad, obediencia, abnegación de la voluntad propia, caridad, es decir, buena voluntad de servirle a Él y, por lo mismo, a los prójimos; que otras devociones las concede su providencia cuando ve que es conveniente; pero como no son cosas sustanciales, no hacen perfecto al hombre cuando abundan, ni tampoco imperfecto cuando faltan.

19 FEBRERO
Santos Lucía Yi, Conrado.
Beato Álvaro de Córdoba

Procure siempre **que el ánimo quede satisfecho** en pensar que ha estado una hora entera en el ejercicio (en la oración), y antes más que menos. Porque el enemigo no poco suele procurar que se acorte la hora de dicha contemplación, meditación u oración.

20 FEBRERO
Santos León, Eleuterio.
Beatos Francisco y Jacinta de Fátima

Acaece que muchas veces el **Señor nuestro mueve y fuerza a nuestra alma** a una operación o a otra abriendo nuestra ánima; es a saber, hablando dentro de ella sin ruido alguno de voces, alzando toda a su divino amor, y nosotros a su sentido, aunque quisiéramos, no pudiendo resistir; y el sentido suyo que tomamos, necesario es conformarnos con los mandamientos, preceptos de la Iglesia y obediencia de nuestros mayores, y lleno de toda humildad, porque el mismo espíritu divino es en todo.

21 FEBRERO
Santos Pedro Damián, Germán, Roberto

Los **Ejercicios son todo lo mejor** que yo en esta vida puedo pensar, sentir y entender, así para el hombre poderse aprovechar a sí mismo como para poder fructificar, ayudar y aprovechar a otros muchos.

22 FEBRERO
Cátedra de San Pedro.
Santos Margarita de Cortona, Papías

El medio para gustar con el afecto y ejecutar con suavidad lo que la razón dicta que es a mayor servicio y gloria divina, el **Espíritu Santo** le enseñará mejor que otro ninguno; aunque es verdad que, para seguir las cosas mejores y más perfectas, suficiente moción es la de la razón; y la otra de la voluntad, aunque no preceda la determinación y ejecución, podría fácilmente seguirla, remunerando Dios nuestro Señor la confianza que en su providencia se tiene.

23 FEBRERO
Santos Policarpo, Milburga.
Beata Rafaela Ybarra

El **contentamiento que en esta vida puede tenerse**, la experiencia muestra que se halla, no en los flojos, sino en los que son fervientes en el servicio de Dios. [...] Así que deberíais animaros mucho a trabajar en vuestros loables ejercicios, pues aun en esta vida sentiréis el provecho del fervor santo, no sólo en la perfección de vuestras almas, sino también en el contentamiento de la presente vida.

24 FEBRERO
Santos Etelberto, Modesto, Pedro Palatino

Con el **cuerpo sano** podréis hacer mucho, con él enfermo no sé qué podréis.

25 FEBRERO
Santos Luis Versiglia, Cesáreo, Calixto, Toribio Romo. Beato Ciriaco M. Sancha

Como no conviene cargar de tanto trabajo corporal que se ahogue el espíritu y reciba daño el cuerpo, así algún **ejercicio corporal** para ayudar lo uno y lo otro conviene ordinariamente a todos, aun a los que han de insistir en los mentales.

26 FEBRERO
Santos Paula Montal, Alejandro, Víctor. Beata Piedad de la Cruz

Mirar a Dios nuestro Señor en todas las cosas, como le place que yo haga, y teniendo por **error confiar y esperar en medios** algunos o destrezas en sí solas; y también no teniendo por vía segura confiar el todo en Dios nuestro Señor, sin quererme ayudar de lo que me ha dado, por parecerme en el Señor nuestro que debo usar de las dos partes.

27 FEBRERO
Santos Gabriel de la Dolorosa, Ana Line, Baldomero

Aprovechando a vosotros mismos **en toda virtud**, grandemente servís a los prójimos.

28 FEBRERO
Santos Mártires de Alejandría, Román, Mariana y Cira

Todos tengan especial cuidado de **guardar** con mucha diligencia las puertas de **sus sentidos** (en especial los ojos, y oídos, y la lengua) de todo desorden.

29 FEBRERO
Santos Hilario, Osvaldo, Augusto Chapdelaine

Es a veces mayor mérito, para poder permanecer a la larga con fuerzas en el servicio divino, tomar alguna **honesta recreación de los sentidos** que reprimirla.

MARZO

1 MARZO
Santos Félix II, Rosendo, Albino, David
En las obras, aunque pías, se quiere **medida** a fin que se pueda continuar, lo que sería imposible si fueran excesivamente fatigosas.

2 MARZO
Santos Ángela de la Cruz, Troadio, Ceada
[A] un **verdaderamente mortificado** bástale un cuarto de hora para unirse a Dios en oración.

3 MARZO
Santos Emeterio y Celedonio, Catalina Drexel, Cunegunda
Como en el tiempo de la consolación es fácil y suave estar en la contemplación la hora entera, así en **el tiempo de la desolación** es muy difícil cumplirla.

4 MARZO
Santos Casimiro, Apiano, Basino
La persona que se ejercita, para hacer **contra la**

desolación y vencer las tentaciones, debe siempre estar algún tiempo más de la hora cumplida; porque no sólo se acostumbre a resistir al adversario, sino incluso a derrocarle.

5 MARZO
Santos Teófilo, Lucio, Adrián, Juan José de la Cruz

Para que hallemos [la vía], mediante su gracia divina, ayuda mucho **buscar y probar** por muchas maneras para caminar por la «que le es más declarada».

6 MARZO
Santos Olegario, Julián de Toledo, Coleta Boylet, Inés de Praga

Nos **es buena alguna cosa** en esta vida, cuanto nos ayuda para la otra eterna, y mala cuanto nos estorba.

7 MARZO
Santos Perpetua y Felicidad, Teresa, Simeón Berneux

Acerca del comer, cuando quitamos lo superfluo no es penitencia, sino templanza; **penitencia es cuando quitamos de lo conveniente**, y cuanto más y más, mayor y mejor, solo que no se debilite la persona ni se siga enfermedad notable.

8 MARZO
Santos Juan de Dios, Veremundo, Félix. Beato Faustino Míguez

No haciendo caso alguno de cogitaciones malas, torpes o sensuales, poquedades o tibiezas, cuando son contra vuestro querer; porque que no viniese todo esto o parte de ello, nunca lo alcanzó san Pedro ni san Pablo; mas, aunque no del todo, **se alcanza mucho con no hacer caso** a ninguna cosa de ellas.

9 MARZO
Santos Francisca Romana, Paciano, Bruno

El Señor no os manda que hagáis cosas que sean en trabajo ni detrimento de vuestra persona, mas antes quiere que **en gozo en Él viváis**, dando las cosas necesarias al cuerpo. Y vuestro hablar, pensar y conversar sea en Él, y en todas las cosas necesarias al cuerpo para este fin.

10 MARZO
Santos Cayo y Alejandro, Juan Ogilvie, Macario, Víctor

El tercer modo de orar es que **con cada anhélito o respiración se ha de orar** mentalmente diciendo una palabra del Padrenuestro o de otra oración que se rece, de manera que se diga una sola palabra entre una respiración y otra; y mientras dura el tiempo de una respiración a otra hay que fijarse principalmente en la significación de esa palabra, o en la persona a quien se reza, o en la bajeza de sí mismo, o en la diferencia de tanta alteza a tanta bajeza propia.

11 MARZO
Santos Vicente de León, Sofronio, Domingo Câm

En lo que toca a la oración, meditación y estudio, como ni en la corporal ejercitación de ayunos, vigilias y otras asperezas o penitencias, sino aquella que **la discreta caridad les dictare**, con que siempre el confesor y, habiendo duda en lo que conviene, el superior también, sea informado.

12 MARZO
Santos Luis Orione, Inocencio I, Maximiliano

Siendo tan duro consigo, podría fácilmente venir a serlo demasiadamente con los que tiene a cargo; y aunque no fuese otro que el ejemplo, podría hacer correr demasiadamente a algunos, y más cuanto mejores fuesen.

13 MARZO
Santos Rodrigo y Salomón, Macedonio y Patricia e hija Modesta

Naturalmente, **cuanto más se aparta la criatura racional de las cosas** materiales, su entendimiento se hace más estable en lo que aprende verdadero o falso, y a tales personas interviene muchas veces, en especial si humo de alguna pasión les ciega [...] tomar cosas dudosas y aun falsas por muy verdaderas.

14 MARZO
Santos Matilde, Alejandro, Lázaro, Paulina
Considerar quién es Dios, contra quien he pecado, según sus atributos, comparándolos con sus contrarios en mí: su sabiduría comparada con mi ignorancia, su omnipotencia con mi debilidad, su justicia con mi iniquidad, su bondad con mi malicia.

15 MARZO
Santos Luisa de Marillac, Clemente María, Leocricia
Por lo que respecta a la cantidad y calidad de los alimentos, el sueño, el vestido, se ha de **seguir el parecer del médico**, y no se ha de hacer nada contra lo que él diga que es necesario para el mantenimiento de la salud y fuerzas convenientes de nuestros hermanos.

16 MARZO
Santos Eusebia, Heriberto, Julián
La penitencia se divide en **interna y externa**. Interna es dolerse de sus pecados con firme pro-

pósito de no cometer aquellos ni otro ninguno. La externa, o fruto de la primera, es castigo de los pecados cometidos.

17 MARZO
Santos Patricio, Gertrudis de Brabante, Juan Sarkander

No solamente que **entre vosotros mantengáis la unión y amor continuo**, pero aun le extendáis a todos, y procuréis encender en vuestras ánimas vivos deseos de la salud del prójimo, estimando 10 que cada uno vale del precio de la sangre y vida de Jesucristo que costó: porque de una parte aparejando las letras, de otra aumentando la caridad fraterna os hagáis enteros instrumentos de la divina gracia y cooperadores en esta altísima obra de reducir a Dios, como a supremo fin, sus criaturas.

18 MARZO
Santos Cirilo de Jerusalén, Salvador de Horta, Eduardo

Acaece que, **por crucificar el hombre viejo**, se crucifica el nuevo, no pudiendo por la flaqueza ejercitar las virtudes.

19 MARZO
SAN JOSÉ, esposo de la Virgen María

Y no solamente que entre vosotros mantengáis

la **unión y amor continuo**, pero aun le extendáis a todos, y procuréis encender en vuestras ánimas vivos deseos de la salud del prójimo, estimando lo que cada uno vale del precio de la sangre y vida de Jesucristo que costó.

20 MARZO
Santos Martín de Braga, Juan Nepomuceno

Generalmente, de tal manera atienda a servir a los prójimos, que **tenga cuenta con su salud corporal**, por amor del mismo por quien sirve a los prójimos.

21 MARZO
Santos Nicolás de Flúe, Agustín Zhao

En los ejercicios espirituales es más conveniente y mucho mejor, al buscar la divina voluntad, **que el mismo Creador y Señor se comunique al alma** devota suya, abrazándola en su amor y alabanza, y disponiéndola para el modo de vivir en que mejor podrá servirle en adelante. De manera que el que los da no se decante ni se incline a una parte ni a otra, sino estando en medio como el fiel de la balanza, deje obrar, sin intermediario, al Criador con la criatura y a ésta con su Criador y Señor.

22 MARZO
Santos Epafrodito, Bienvenido, Lea, Calínicas y Basilisa

Que **cuando me junto con alguno**, aunque mucho pecador, para comunicar las cosas de Dios nuestro Señor, yo soy el que gano, y hallo en mí provecho.

23 MARZO
Santos Toribio de Mogrovejo, José Oriol, Rebeca

Considerar cómo [nuestro Señor] **todo lo padece por mis pecados**, y qué debo yo hacer y padecer por él.

24 MARZO
Santos Catalina de Suecia, Severo. Beato Diego José de Cádiz

Buscad a los enfermos y pobres sin recursos que haya en el lugar, y procurad ayudarlos; y si hay cárceles, visitadlas. Y de los ricos o de quienes tienen más recursos en el lugar, buscad ayuda para ellos, a fin de hacer bien corporal a unos y espiritual a otros.

25 MARZO
ANUNCIACIÓN DEL SEÑOR.
Santos Dimas, Matrona

Pedir **conocimiento interno** del Señor que por

mí se ha hecho hombre, para que más le ame y le siga.

26 MARZO
Santos Braulio, Cástulo, Manuel, Sabino

El que haya dificultad no es cosa nueva, antes ordinaria, en las cosas de mucha importancia para el divino servicio y gloria; pero cuanto más difícil, tanto será más acepta esta obra, y ocasión de dar a Dios Nuestro Señor más de corazón gracias incesables por ella.

27 MARZO
San Ruperto. Beato Francisco Faà de Bruno

Pedir interno sentimiento de la pena que padecen los condenados, para que si del amor del Señor eterno me olvidare por mis faltas, a lo menos **el temor de las penas me ayude para no caer en pecado**.

28 MARZO
Santos Esteban Harding, Gúntram

En las personas que van de pecado mortal en pecado mortal, acostumbra comúnmente **el enemigo proponerles placeres aparentes**, haciéndoles imaginar deleites y placeres de los sentidos, para conservarlos y hacerlos crecer más en sus vicios y pecados; en dichas personas el buen espíritu actúa de modo contrario, punzándoles y remordiéndoles la conciencia por el juicio recto de la razón.

29 MARZO
Santos Eustasio, Guillermo Tempier, Ludolfo

Lo primero (para ayudar al prójimo) ocurre ser **el buen ejemplo** de toda honestidad y virtud cristiana, procurando no menos sino más edificar con las buenas obras que con las palabras a quienes se trata.

30 MARZO
Santos Juan Clímaco, Julio Álvarez, Leonardo Murialdo

A quien está poco cultivado y es débil de complexión no deben darse cosas que no pueda descansadamente llevar, y aprovecharse con ellas. Asimismo, se debe **dar a cada uno según la disposición** a la que quiera llegar para que se pueda ayudar y aprovechar más de los ejercicios.

31 MARZO
Santos Benjamín, Balbina, Guido

Del pan conviene abstenerse menos que de otros alimentos, porque no es manjar sobre el cual el apetito se suele desordenar o hacia el cual la tentación incite tanto como hacia los otros manjares.

ABRIL

1 ABRIL
Santos María Egipcíaca, Nuño Álvares, Hugo

Tened buen ánimo y consolaos en Dios «y en el poder de su fuerza», que es Cristo Jesús, Señor y Dios nuestro. De su propia voluntad, «por nuestros pecados murió», y sin duda «fue resucitado por nuestra justificación». De modo que «con él nos resucitó y juntamente nos sentó en los cielos», en Dios.

2 ABRIL
Santos Francisco de Paula, Domingo Tuóc, Abundio, Teodora

Acerca **de los manjares se debe guardar la abstinencia mayor** y más perfecta, porque en esta parte están más prontos el apetito para desordenarse y la tentación para incitar; y así para evitar desorden, la abstinencia en los manjares se puede hacer de dos maneras: una, habituándose a comer manjares comunes; otra, cuando los alimentos son exquisitos, tomándolos en poca cantidad.

3 ABRIL
Santos Sixto I, Ricardo Wych, Luis Scrosoppi
*P*El que nos da a todos voluntad de servirle **se dignará darnos ayuda** para que llevemos bien el peso que para su mayor servicio y alabanza se nos ha puesto.

4 ABRIL
Santos Platón, Pedro, Benito Massarari
Un paso o dos **antes del lugar donde** tengo que **hacer la contemplación** o meditación, me pondré en pie por espacio de un Padrenuestro, alzado el entendimiento arriba, considerando cómo Dios nuestro Señor me mira, etc., y haré una reverencia o gesto de humillación.

5 ABRIL
Santos Vicente Ferrer, Irene, Catalina Thomás
Pedir gracia a nuestro Señor para que **no sea sordo a su llamamiento**, sino presto y diligente para cumplir su santísima voluntad.

6 ABRIL
Santos Guillermo, Gala, Ireneo, Eutiquio
En las personas que van intensamente purgando sus pecados, y de bien en mejor subiendo en el servicio de Dios nuestro Señor, sucede que es propio del **mal espíritu morder** (con escrúpulos),

entristecer y poner obstáculos, inquietando con falsas razones para que no pase adelante; y propio del **buen espíritu es dar ánimo** y fuerzas, consolaciones, lágrimas, inspiraciones y quietud, facilitando y quitando todos los impedimentos, para que siga adelante en el bien obrar.

7 ABRIL
Santos Juan Bautista de La Salle, Teodoro, Germán

Para quitar desorden es muy provechoso que después de comer o después de cenar, o en otra hora en la que no sienta apetito de comer, determine consigo para la siguiente comida o cena, y así sucesivamente cada día, la cantidad que conviene que coma; y no sobrepase esa cantidad por ningún apetito ni tentación, sino antes bien, para vencer más todo apetito desordenado y tentación del enemigo, si está tentado a comer más, coma menos.

8 ABRIL
Santos Dionisio de Corinto, Julia Billart, Ágabo

Mirad a vuestros **prójimos** como una **imagen de la santísima Trinidad** y capaz de su gloria.

9 ABRIL
Santos Casilda, Hugo, Liborio, Máximo

Cuanto más nuestra **alma se halla sola y apar-**

tada, **se hace más apta** para acercarse y allegarse a su Criador y Señor; y cuanto más así se allega, más se dispone para recibir gracias y dones espirituales de su divina y suma bondad.

10 ABRIL
Santos Miguel de los Santos, Terencio, Magdalena, Beda

Los que quieran aspirar a más y señalarse en todo servicio de su Rey eterno y Señor universal, no solamente ofrecerán su persona al trabajo, sino que, obrando incluso contra su propia sensualidad y contra su amor carnal y mundano, harán **oblaciones de mayor valor y mayor importancia**.

11 ABRIL
Santos Estanislao, Isaac. Beata Elena Guerra

Bien me persuado que cuanto más una persona será versada y experimentada de **humildad y caridad**, que cuanto **más sentirá y conocerá** hasta las cogitaciones mucho menudas, y otras cosas delgadas que le impiden y desayudan, aunque sean al parecer de poco o casi de ningún momento, siendo tanto tenues en sí; sin embargo, para en todo conocer nuestros impedimentos y faltas, no es de esta vida presente, como el Profeta (Sal 19, 13) pide ser librado de las culpas que no conoce, y san Pablo (1Cor 6,

14), confesando no conocerlas, añade que no por eso es justificado.

12 ABRIL
Santos Julio I, David Uribe, Víctor, Visia y Sofía

Los **medios que juntan el instrumento con Dios** y le disponen para que se rija bien de su divina mano **son más eficaces** que los que le disponen para con los hombres, como son los medios de bondad y virtud, y especialmente la caridad y pura intención del divino servicio y familiaridad con Dios nuestro Señor en ejercicios espirituales de devoción, y el celo sincero de las ánimas por la gloria del que las crió y redimió, sin otro algún interés.

13 ABRIL
Santos Martín I, Hermenegildo, Sabás Reyes

Quien tiene **en Dios el fundamento** de toda su esperanza, y para el servicio suyo con solicitud se aprovecha de los dones que Él da, internos y externos, espirituales y corporales, pensando que su virtud infinita obrará con medios o sin ellos todo lo que le pluguiere, pero que esta tal solicitud le place cuando rectamente por su amor se toma, no es esto «doblar las rodillas ante Baal», sino «ante Dios», reconociéndole por autor, no solamente de la gracia, sino también de la natura.

14 ABRIL
Santos Telmo (B. Pedro González), Lamberto,

No consintáis que os hagan ventaja los hijos de este mundo en buscar con más solicitud y diligencia las cosas temporales que vosotros las eternas. Avergonzaos que ellos corran con más prontitud a la muerte que vosotros a la vida. Así que no seáis, por amor de Dios, remisos ni tibios.

15 ABRIL
Santos Damián de Molokai, Abundio, Teodoro y Pausilipo

Después de un rato, en la capilla, me pareció que era voluntad divina que me esforzase en buscar acatamiento y hallarlo. No lo hallé, a pesar de que me parecía bien buscarlo, pero **no fui capaz de hallarlo por mí mismo.**

16 ABRIL
Santos Bernardita de Lourdes, Engracia, Toribio de Astorga, Benito José Labre

Como se requiere **entrar poco a poco en los trabajos** del cuerpo, ejercitándose en los menos graves al principio, hasta tomar uso de trabajar, así parece que, para entrar en cosas que mucho trabajo de mente requieren, como son artes y teología escolástica, es menester que se vaya el entendimiento acostumbrando a trabajar.

17 ABRIL
Santos Elías, Pablo e Isidoro de Córdoba, Pedro y Hermógenes, Roberto

No es necesario que os fatiguéis demasiado, sino **obrad con moderación** para poder fatigaros por más tiempo.

18 ABRIL
Santos Eusebio, Anastasia. B. Andrés Hibernón

Pedir gracia para alegrarme y **gozarme intensamente** de tanta gloria y **gozo de Cristo** nuestro Señor.

19 ABRIL
Santos León IX, Jorge de Antioquía, Marta

En todo procurar y desear **dar ventaja a los otros**, estimándolos en su alma a todos como si les fuesen superiores.

20 ABRIL
Santos Inés de Montepulciano, Aniceto, Secundino

Sueldo suyo es todo lo natural que sois y tenéis, pues os dio y conserva el ser y vida, y todas las partes y perfecciones de ánima y cuerpo y bienes externos. Sueldo son los dones espirituales de su gracia [...]. Sueldo es, finalmente, todo el universo y lo que en él es contenido corporal y espiritual.

21 ABRIL
Santos Anselmo, Anastasio, Román Adame
Como **no conviene cargar de tanto trabajo corporal** que se ahogue el espíritu y reciba daño el cuerpo, así algún ejercicio corporal para ayudar lo uno y lo otro conviene ordinariamente a todos, aun a los que han de insistir en los mentales, que deberían interrumpirse con los exteriores, y no se continuar ni tomar sin la medida de la discreción.

22 ABRIL
Santos Sotero y Cayo, Oportuna, Leónidas
El **amor** se debe poner más en las obras que en las palabras.

23 ABRIL
Santos Jorge, Adalberto, Gerardo
Se ha de presuponer que todo buen cristiano ha de estar más dispuesto a **salvar la proposición del prójimo** (lo que dice) que a condenarla; y si no la puede salvar, pregunte cómo la entiende, y si la entiende mal corríjale con amor; y si no basta, busque todos los medios convenientes para que, entendiéndola bien, se salve.

24 ABRIL
Santos Fidel, María Cleofé y Salomé, María Eufrasia, Benito Menni
En el punto en el cual **hallare lo que quiero** [en

la oración] me detendré, sin tener ansia de pasar adelante hasta que me satisfaga.

25 ABRIL
Santos Marcos Evangelista, Pedro de Betancurt, Aniano

Baste a nosotros **hacer según nuestra fragilidad** lo que podamos, y el resto queramos dejarlo a la divina providencia, a quien toca, y cuyo curso no entienden los hombres, y por eso se afligen a las veces de aquello que deberían alegrarse.

26 ABRIL
Santos Isidoro de Sevilla, Rafael Arnáiz Barón, Cleto

El **amor** consiste en comunicación de las dos partes, es a saber, en dar y **comunicar el amante al amado** lo que tiene o de lo que tiene o puede, y así por el contrario el amado al amante.

27 ABRIL
Santos Zita, Simeón. Nuestra Señora de Montserrat

Llamo **consolación** cuando en el alma se produce alguna moción interior con la cual viene el alma a inflamarse en amor de su Criador y Señor, y como consecuencia ninguna cosa criada sobre la faz de la tierra puede amar en sí, sino en el Criador de todas ellas.

28 ABRIL
Santos Luis Mª G. de Montfort, Pedro Chanel. Beata Juana Beretta

También es **consolación** cuando derrama lágrimas que mueven a amar a su Señor, sea por el dolor de sus pecados, o por la Pasión de Cristo nuestro Señor, o por otras cosas ordenadas derechamente a su servicio y alabanza.

29 ABRIL
Santos Catalina de Siena, Síquico, Hugo

Lo que no alcanza un flojo en muchos años, un **diligente** suele alcanzar en breve tiempo.

30 ABRIL
Santos Pío V, José B. Cottolengo, Amador

En el tiempo que el **estudio** dura, **no os parezca que sois inútiles** al prójimo; que, además de aprovecharos a vosotros, como lo requiere la caridad ordenada [...], le servís a honra y gloria de Dios en muchas maneras.

MAYO

1 MAYO
Santos José Obrero, Jeremías, Ricardo Pampuri

Viniendo en mucha grande devoción, y muchas lágrimas *intensísimas*, así en la oración como al vestirme y con sollozos, sintiendo que **la Madre y el Hijo eran intercesores**, sentía una *íntegra* seguridad que el Padre eterno me restituiría a lo pasado.

2 MAYO
Santos Atanasio, Félix de Sevilla, Hesperio y Zoes e hijos

Llamo **consolación** todo aumento de esperanza, fe y caridad y toda alegría interna que llama y atrae a las cosas celestiales y a la propia salud de su alma, aquietándola y pacificándola en su Criador y Señor.

3 MAYO
Santos Felipe y Santiago Apóstoles, Timoteo y Maura, Juvenal

Usar medios humanos a sus tiempos, enderezados puramente a su servicio, no es mal, cuando en Dios y en su gracia se tiene el áncora firme de la esperanza.

4 MAYO
Santos José María Rubio, Florián, Silvano
Donde haya facciones y partidos diversos, no se opongan a ninguno, sino que muestren estar como en medio y que aman a unos y a otros.

5 MAYO
Santos Ángel de Sicilia, Máximo, Niceto
Para que haya muchos oyentes, y **se ayuden lo más que puedan**, con las verdades que dan pábulo al entendimiento mézclense cosas piadosas para entretener el afecto; de modo que los discípulos vuelvan de las lecciones a sus casas no sólo más doctos, sino mejores.

6 MAYO
Santos Domingo Savio, Lucio Cireneo, Benita
Que **a Él solo** vaya todo el peso del amor nuestro.

7 MAYO
Santos Flavia Domitila, Agustín Roscelli, Flavio
(La **ayuda**) siempre es mejor tarde que nunca.

8 MAYO
Santos Víctor, Eladio, Arsenio.
Ntra. Sra. de Luján
No ama a Dios **de todo corazón** el que ama algo por sí y no por Dios.

9 MAYO
Santos Isaías, Hermes, Pacomio, Catalina de Bolonia

Llamo **desolación** todo lo contrario de la tercera regla; así como oscuridad del alma, turbación en ella, inclinación por las cosas bajas y terrenas, inquietud de varias agitaciones y tentaciones, moviendo a desconfianza, sin esperanza, sin amor, hallándose el alma toda perezosa, tibia, triste y como separada de su Criador y Señor.

10 MAYO
Santos Juan de Ávila, Antonino de Florencia, Job

Cuanto a los [males] particulares, es cierto necesario que, quienquiera que se conoce, **los reconozca** en sí.

11 MAYO
Santos Francisco de Jerónimo, Mamerto. Beato Zeferino Namuncurá

En toda **buena elección**, en cuanto es de nuestra parte, el ojo de nuestra intención debe mirar rectamente, atendiendo solamente el fin para el que he sido creado, es a saber, para alabanza de Dios nuestro Señor y salvación de mi alma; por tanto, cualquier cosa que yo eligiere debe ser para que me ayude para el fin para el que he sido creado, no subordinado ni acomodando el fin al medio, sino el medio al fin.

12 MAYO
Santos Nereo y Aquiles, Pancracio, Domingo de la Calzada

Aquellos que **aman la pobreza deben amar el séquito de ella**, en cuanto de ellos dependa, como el comer, vestir, dormir mal y el ser despreciado.

13 MAYO
Nuestra Señora de Fátima.
Santos Pedro Nolasco, Pedro Regalado

Para todo **buen gobierno** es necesario que concurran poder y saber.

14 MAYO
Santos Matías Apóstol, María Dominica Mazzarello, Justa y Eredina

No decir palabra ociosa; la cual entiendo, cuando ni a mí ni a otro aprovecha, ni a tal intención se ordena.

15 MAYO
Santos Isidro Labrador, Juana de Lestonnac, Witesindo de Córdoba

No dejaremos de **cooperar a su gracia**, buscando los medios que, según el curso de su providencia, debamos buscar.

16 MAYO
Santos Gema Galgani, Simón Stock, Alipio y Posidio

Nunca difiramos las buenas obras, por pequeñas que sean, con pensamiento de hacer otras mayores en otro tiempo.

17 MAYO
Santos Pascual Bailón, Víctor, Heraclio y Pablo

(Dios) por su infinita y suma bondad nos quiera **dar su gracia** cumplida para que su santísima voluntad sintamos y aquélla enteramente cumplamos. Amén.

18 MAYO
Santos María Josefa del Sagrado Corazón, Rafaela María, Félix

En tiempo de desolación nunca hacer cambio, sino estar firme y constante en los propósitos y determinación en que estaba el día anterior a esa desolación, o en la determinación en que estaba en la anterior consolación. Porque así como en la consolación nos guía y aconseja más el buen espíritu, así en la desolación el malo, con cuyos consejos no podemos tomar camino para acertar.

19 MAYO
Santos Francisco Coll, Urbano I, Ivón, Celestino V

A los que enteramente aman al Señor todas las cosas les ayudan y todas les favorecen para más merecer y para más allegar y unir con caridad intensa con su mismo Criador y Señor.

20 MAYO
Santos Bernardino de Siena, Lidia, Áurea

Sin duda es mayor virtud del ánima y mayor gracia poder **gozar de su Señor en varios oficios** y en varios lugares que en uno solo; para lo cual mucho nos debemos ayudar en la su divina bondad.

21 MAYO
Santos Cristóbal Magallanes, Eugenio de Mazenod, Mancio de Évora

Es verdad que **está su divina Majestad** por presencia, potencia y esencia en todas las cosas.

22 MAYO
Santos Joaquina de Vedruna, Rita de Casia, Quiteria

Pocas personas perciben **lo que Dios podría hacer** de ellas si se entregaran sin reservas a la guía de la gracia.

23 MAYO
Santos Lucio, Eutiquio

La **gracia y amor de Cristo** nuestro Señor se sienta siempre con verdadero conocimiento y amor suyo en nuestras ánimas. Amén.

24 MAYO
María Auxiliadora. Santos Vicente de Lèrins, Simón Estilita, Juana

Conserva siempre el mismo estado de ánimo y **sé ecuánime** en la prosperidad y en la adversidad, en las alegrías y en las tristezas, libre de perturbaciones.

25 MAYO
Santos Beda, Gregorio VII, Mª Magdalena de Pazzi, Magdalena Sofía, Vicenta María

Que la **caridad** esté regida moderadamente por la discreción (discernimiento).

26 MAYO
Santos Felipe Neri, Mariana de Jesús Paredes, Pedro Mártir Sans

Como delante la suma providencia sean muchas y diversas vías **para reformar su universal Iglesia**, a nosotros (la pobreza) es más segura y más debida procediendo cuanto más desnudos pudiéramos en el Señor nuestro, según que Él mismo nos da ejemplo.

27 MAYO
Santos Agustín de Canterbury, Bruno, Bárbara Kim y Bárbara Yi

Lo primero es **dar buen ejemplo** con vuestra vida en toda virtud cristiana.

28 MAYO
Santos Justo de Urgel, Germán de París, Guillermo

Es **prudencia verdadera** no se fiar de su propia prudencia, y en especial en las cosas propias (donde no son los hombres comúnmente buenos jueces por la pasión).

29 MAYO
Santos Bona, Gerardo, Maximino

Es necesario que todas las cosas de las que queremos **hacer elección** sean indiferentes o buenas en sí, y que estén dentro de lo aprobado por la santa madre Iglesia jerárquica, y no malas ni contrarias a su espíritu.

30 MAYO
Santos Fernando Rey, Juana de Arco, Matías Mulumba. Beata Matilde Téllez

No hables, ni respondas, ni medites, ni camines,

ni hagas ninguna otra cosa sin haber **pensado antes si agrada a Dios** y sirve al prójimo de ejemplo y edificación.

31 MAYO
Visitación de la Virgen María.
Santos Noé Mawaggali, Petronila, Silvio

Cierto es que, en lo que comúnmente todos los hombres de **juicio y razón convienen**, aquello se debe creer sea lo más acertado, más natural y más conveniente

JUNIO

1 JUNIO
Santos Justino, Fortunato, Íñigo, Próculo
El hombre es creado para alabar, hacer reverencia y servir a Dios nuestro Señor, y mediante esto salvar su alma; y las otras cosas sobre la faz de la tierra son creadas para el hombre y para que le ayuden a conseguir el fin para el que es creado.

2 JUNIO
Santos Marcelino y Pedro, Eugenio I, Erasmo, Guido
El hombre tanto ha de **usar (de las criaturas)** cuanto le ayuden para su fin, y tanto debe privarse de ellas cuanto para ello le impiden. Por lo cual es menester hacernos indiferentes a todas las cosas creadas, en todo lo que cae bajo la libre determinación de nuestra libertad y no le está prohibido.

3 JUNIO
Santos Carlos Luanga, Juan Grande, Clotilde, Olivia
No queramos, de nuestra parte, más salud que enfermedad, riqueza que pobreza, honor que desho-

nor, vida larga que corta, y así en todo lo demás, solamente deseando y eligiendo **lo que más nos conduce al fin** para el que hemos sido creados.

4 JUNIO
Santos Pedro Mártir de Verona, Francisco Caracciolo, Walter

Dado por supuesto que en la desolación no debemos cambiar los primeros propósitos, aprovecha mucho **reaccionar** intensamente **contra** la misma **desolación**, como, por ejemplo, insistir más en la oración y meditación, en examinarse mucho, y en alargarnos en algún modo conveniente de hacer penitencia.

5 JUNIO
Santos Bonifacio, Doroteo, Franco, Sancho

La amistad con los pobres nos hace amigos del Rey eterno. El **amor de esa pobreza** nos hace reyes aun en la tierra, y reyes no ya de la tierra, sino del cielo.

6 JUNIO
Santos Norberto, Marcelino Champagnat, Rafael Guízar, Artemio y Paulina

Así en los sucesos adversos como en los prósperos [Él] nos procura siempre **ocasiones de ayudarnos** a conseguir nuestra bienaventuranza y felicidad perpetua.

7 JUNIO
Santos Antonio Mª Gianelli, Roberto, Pedro. Beata Ana de San Bartolomé

Pues el **contentamiento que en esta vida** puede haberse, la experiencia muestra que se halla, no en los flojos, sino en los que son fervientes en el servicio de Dios.

8 JUNIO
Santos Maximino, Guillermo, Medardo

La **tibieza** es causa de siempre vivir con molestias, no dejando quitar la causa de ella, que es [el] amor propio, ni mereciendo el favor divino.

9 JUNIO
Santos Efrén, Ricardo, Columba. Beato José de Anchieta

Que no suele conservarse lo que así se gana con demasiado **apresuramiento**.

10 JUNIO
Santos Landerico, Itamar, Bogumilo

No dejará de haber males en el estado de la presente miseria hasta que en la fragua del eterno amor de Dios nuestro Criador y Señor se consuma toda nuestra malicia enteramente.

11 JUNIO
Santos Bernabé, María Rosa Molas, Alicia

Son tan grandes **los pobres en la presencia divina**, que principalmente para ellos fue enviado Jesucristo a la tierra.

12 JUNIO
Santos Juan de Sahagún, León III, Onofre

La **ingratitud** es cosa de las más dignas de ser abominadas [...], causa, principio y origo [origen] de todos los males y pecados.

13 JUNIO
Santos Antonio de Padua, Eulogio, Aquileo

Conserva la **libertad de espíritu** en todo y no retrocedas ante nadie; mantén siempre la libertad de espíritu frente a las dificultades y no la pierdas por ningún impedimento; nunca cejes en este empeño.

14 JUNIO
Santos Eliseo, Anastasio, Fortunato, Metodio

Nuestra vocación es para discurrir y hacer vida en cualquiera parte del mundo donde se espera más servicio de Dios y ayuda de las ánimas.

15 JUNIO
Santos María Micaela, Amós, Germana, Benilde, Vito

Siempre nos es mejor tomar un consejo con **humildad** que darlo sin ella.

16 JUNIO
Santos Quirico y Julita, Lutgarda, Aureliano

Para saber **presidir a otros** y regirlos, es necesario primero salir buen maestro de obedecer.

17 JUNIO
Santos Teresa de Portugal, Avito, Domingo Nguyen

Para poner en otros la forma de humildad, paciencia, caridad, etc., quiere Dios que la causa inmediata que Él usa como **instrumento**, como es el predicador o confesor, sea humilde, paciente y caritativo.

18 JUNIO
Santos Marcos y Marcelino, Ciriaco y Paula, Gregorio Barbarigo

Téngase cuenta que **no basta empezar**, mas importa, en cuanto se puede, dar complemento y conservar las buenas y piadosas obras.

19 JUNIO
Santos Romualdo, Gervasio y Protasio, Lamberto, Juliana

Llamo gracia a la pobreza, porque es un don de Dios especial [...] y siendo tan amada de Dios, cuanto lo muestra su Unigénito [...], que quiso nacer en pobreza y crecer con ella.

20 JUNIO
Santos Florentina de Cartagena, Metodio, Juan de Mateola

No deberíamos mostrar mucha tristeza por **la muerte**, máxime sabiendo que no tenemos aquí ciudad permanente, sino que buscamos la futura.

21 JUNIO
Santos Luis Gonzaga, Ramón de Roda, José Isabel Flores

El que está **en desolación**, considere cómo el Señor le ha dejado en prueba con sus facultades naturales, para que resista a las varias agitaciones y tentaciones del enemigo; pues puede con el auxilio divino, el cual siempre le queda, aunque no lo sienta claramente, porque el Señor le ha quitado su mucho fervor, crecido amor y gracia intensa, quedándole, sin embargo, gracia suficiente para la salvación.

22 JUNIO
Santos Paulino de Nola, Juan Fisher y Tomás Moro

La **ayuda mutua**, para gozar más expeditamente de la luz y la felicidad eterna, es la verdadera demostración de amor.

23 JUNIO
Santos José Cafasso, Edeltrudis, Tomás Garnet

Después de despertado, orando, no dejaba de dar **gracias a Dios** nuestro Señor mucho intensamente, con inteligencia y con lágrimas, de tanto *beneficio y de tanta* claridad recibida, no pudiéndolo explicar.

24 JUNIO
NATIVIDAD DE SAN JUAN BAUTISTA. Santos Simplicio, Rumoldo

El fin de esta Compañía es no solamente atender a la salvación y perfección de todos sus miembros con la gracia divina, sino con la misma gracia divina procurar intensamente **ayudar a la salvación** y perfección de los prójimos.

25 JUNIO
Santos Máximo de Turín, Próspero de Aquitania, Orosia, Domingo Henares

Me vinieron otras inteligencias, a saber, cómo

primero el Hijo envió a los apóstoles a predicar en pobreza y, luego, el Espíritu Santo los confirmó en su misión, dándoles su espíritu y el don de lenguas. Y, dado que el Padre y el Hijo envían el Espíritu Santo, **las tres Personas confirmaron dicha misión en pobreza**.

26 JUNIO
Santos Pelayo, Josemaría Escrivá, José Mª Robles

Cada vez que uno cae en un pecado o defecto particular ponga la **mano en el pecho doliéndose** de haber caído; lo que se puede hacer, aun delante de muchos, sin que se den cuenta de lo que hace.

27 JUNIO
Santos Cirilo de Alejandría, Zoilo. Ntra. Sra. del Perpetuo Socorro

Por amor de Dios N. S., que miréis siempre de llevar adelante (**huyendo** siempre de los **inconvenientes**; que si vos bien los huís, **la tentación no podrá tener fuerzas** algunas contra vos) lo que siempre debéis hacer, anteponiendo la alabanza del Señor sobre todas las cosas. Cuánto más, que el Señor no os manda que hagáis cosas que en trabajo ni detrimento de vuestra persona sean, mas antes quiere que en gozo en Él viváis, dando las cosas necesarias al cuerpo. Y vuestro hablar, pensar y conversar sea en Él.

28 JUNIO
Santos Ireneo de Lyon, Argimiro, Pablo I, Lucía Wang-Cheng

Procure tener ante los ojos mientras viva, primero a Dios, [y luego el modo de ser de su Instituto], que es camino hacia Él, y alcanzar con todas sus fuerzas este fin que Dios le propone; **cada uno**, sin embargo, **según la gracia que el Espíritu Santo** le comunique, y el grado propio de su vocación.

29 JUNIO
SANTOS PEDRO Y PABLO APÓSTOLES, Emma, Siro

Depuesto todo juicio, debemos tener ánimo preparado y pronto para **obedecer en todo a la verdadera esposa de Cristo** nuestro Señor, que es nuestra santa madre Iglesia jerárquica.

30 JUNIO
Santos Protomártires de Roma, Marcial, Ladislao, Adolfo

Interiormente me ha parecido que siendo él [Jesús] la cabeza de la Compañía, este argumento era más fuerte que todas las razones humanas para **vivir en pobreza total**.

JULIO

1 JULIO
Santos Aarón, Nicasio, Justino Orona y Atilano Cruz

Venialmente se peca cuando viene el mismo pensamiento de pecar mortalmente, y uno le da entrada deteniéndose algo, o recibiendo algún gusto sensible; o cuando hay alguna negligencia en rechazar ese pensamiento.

2 JULIO
Santos Bernardino Realino, Liberato, Monegunda

No seáis **escrupuloso** ni dejéis de hacer el bien por pusilanimidad.

3 JULIO
Santos Tomás Apóstol, Heliodoro, León

El que está **en desolación**, trabaje por mantenerse en **paciencia**, que es contraria a las molestias que le vienen, y piense que será pronto consolado, con tal de que ponga las diligencias contra esa desolación.

4 JULIO
Santos Isabel de Portugal, Valentín de Berriochoa, Berta. B. Pedro Jorge Frassati

La **pobreza** hace al hombre libre de aquella servidumbre común a tantos grandes del mundo, «en el cual todas las cosas obedecen o sirven al dinero».

5 JULIO
Santos Antonio Mª Zaccaría, Marta

Es menester **en Él solo poner la esperanza** de que Él haya de conservar y llevar adelante lo que se dignó comenzar para su servicio y alabanza y ayuda a las ánimas. Y conforme a esta esperanza, el primer medio y más proporcionado será de las oraciones y sacrificios que deben hacerse a esta santa intención.

6 JULIO
Santos María Goretti, Rómulo, Paladio

Cuanto a la oración y meditación, no habiendo necesidad especial por tentaciones molestas o peligrosas, veo que más aprueba **procurar en todas cosas que hombre hace hallar a Dios**, que dar mucho tiempo junto a ella. Y este espíritu desea ver en los de la Compañía: que no hallen (si es posible) menos devoción en cualquier obra de caridad y obediencia que en la oración y meditación.

7 JULIO
Santos Fermín, Odón, Edilburga

[La **pobreza**] hace percibir mejor en todas las cosas la voz, es a saber, la inspiración del Espíritu Santo, suprimiendo los impedimentos [...]; hace caminar expeditamente por el camino de la virtud, como viandante libre de todo peso [...]. Y así es necesario que sean ricos de dones divinos los que voluntariamente se hicieron pobres de cosas humanas.

8 JULIO
Santos Áquila y Priscila, Adrián, Pancracio

Se peca mortalmente cuando uno consiente en el mal pensamiento, para obrar luego como ha consentido, o para ponerlo en obra si pudiese.

9 JULIO
Santos Juan de Colonia, Verónica Giuliani. Ntra. Sra. del Rosario de Chiquinquirá

La segunda manera de **pecar mortalmente** es cuando se pone por obra aquel pecado; y es mayor (que sólo en el pensamiento) por tres razones: la primera por el mayor tiempo, la segunda por la mayor intensidad, la tercera por el mayor daño de las dos personas.

10 JULIO
Santas Amalia, Rufina, Segunda, Anatolia y Victoria

Dígnese Jesucristo favorecer estos nuestros débiles comienzos, a gloria de Dios Padre, al cual se dé siempre toda alabanza y honor por los siglos. Amén.

11 JULIO
Santos Benito, Pío I, Olga, Marciano, Marciana

Como hemos experimentado que es **más feliz, más pura y más apta para la edificación** del prójimo la vida que se aparta lo más posible de todo contagio de avaricia, y se asemeja lo más posible a **la pobreza evangélica**; y como sabemos que nuestro Señor Jesucristo proveerá lo necesario para el sustento y vestido de sus siervos que no buscan más que el reino de Dios, hagan todos y cada uno voto de perpetua pobreza.

12 JULIO
Santos Ignacio Clemente Delgado, Juan Gualberto, Juan Jones y Juan Wall

Tanto puedo **en esta vida amar a persona**, cuanto en servicio y alabanza de Dios nuestro Señor se ayuda, porque no ama a Dios de todo corazón el que ama algo por sí y no por Dios.

13 JULIO
Santos Enrique, Teresa de J. de los Andes, Silas, Esdras. B. Jacobo de Varazze

El vínculo principal de ambas partes, para la unión de los miembros entre sí y con la cabeza, es el amor de Dios nuestro Señor. Porque estando el Superior y los inferiores muy unidos con la su divina y suma Bondad, se unirán muy fácilmente entre sí mismos, por el mismo amor que de ella descenderá y se extenderá a todos próximos, y en especial al cuerpo de la Compañía. Así que la caridad, y en general **toda bondad y virtudes con que se proceda conforme al espíritu, ayudarán para la unión** de una parte y otra, y por consiguiente todo menosprecio de las cosas temporales, en las cuales, suele desordenarse el amor propio, enemigo principal de esta unión y bien universal.

14 JULIO
Santos Camilo, Francisco Solano, Tuscana

Manifiéstese preparado para **reconciliar a los desavenidos**, socorrer misericordiosamente y servir a los que se encuentran en las cárceles o en los hospitales, y a ejercitar todas las demás obras de caridad, según que parecerá conveniente para la gloria de Dios y el bien común.

15 JULIO
Santos Buenaventura, Pompilio Mª Pirrotti, Vladimiro

La **pobreza** hace percibir mejor en todas las cosas la voz, es a saber, la inspiración del Espíritu Santo.

16 JULIO
Ntra. Sra. del Carmen. Santos Reinilda, Grimoaldo y Gondulfo

Plegue a **nuestra Señora**, que entre nosotros pecadores y su Hijo y Señor nos **interceda**, y nos alcance la gracia con nuestra labor y trabajo, nuestros espíritus flacos e tristes nos los convierta en fuertes y gozosos en su alabanza.

17 JULIO
Santos Justa y Rufina, Marcelina, Alejo, Jacinto

Se ve la **excelencia de la pobreza**, la cual no se digna de hacer tesoros de estiércol o de vil tierra, sino que emplea todo el valor de su amor en comprar este precioso tesoro en el campo de la Santa Iglesia, ya sea el mismo Cristo, ya sus dones espirituales, que nunca jamás se separa de ellos.

18 JULIO
Santos Arnulfo, Teodosia, Bruno, Federico

No debe ser corto aquel con quien Dios N. S. ha

sido tan largo con él. Tanto descanso y bien hallaremos, cuanto en esta vida hiciere más, y pues mucho podéis en la tierra, donde vivís, una y otra vez os ruego por amor de nuestro Señor Jesucristo os esforcéis mucho, no sólo en pensar esto, mas en querer[lo] y obrar[lo], porque **a los que quieren nada hay difícil**, sobre todo en las cosas que se hacen por amor de nuestro Señor Jesucristo ...

19 JULIO
Santos Epafras, Macrina, Áurea, Belnoldo

Nos hallamos **desolados por** ser tibios, perezosos o negligentes en nuestros ejercicios espirituales, y así por nuestras faltas se aleja la consolación espiritual de nosotros.

20 JULIO
Santos Apolinar, Elías, José Mª Díaz Sanjurjo, Marina, Aurelio

Dios N. S. **os los quiera contar el día del juicio**, y os los quiera pagar por mí, como yo espero en la su divina bondad, que en tan buena y sana moneda lo hará, y a mí que no me dejará caer en pena de desconocido, si con todo en algunas cosas me hiciere digno en servicio y alabanza de su divina Majestad.

21 JULIO
Santos Lorenzo de Brindis, Práxedes, Víctor, Alberico

Me escribís vuestra **larga dolencia y enfermedad** pasada, y con grande dolor de estómago que al presente os quedaba. Es verdad que en pensar la mala disposición y dolor presente no puede ser que yo no sienta dentro de mi ánima, porque os deseo toda la bonanza y prosperidad imaginable, que para gloria y servicio de Dios N. S. os pudiese ayudar. Sin embargo en considerar que estas enfermedades y otras pérdidas temporales **son muchas veces de mano de Dios** nuestro Señor porque más nos conozcamos y más perdamos el amor de las cosas criadas, y más enteramente pensemos cuán breve es esta nuestra vida, para adornarnos para la otra que siempre ha de durar.

22 JULIO
Santos María Magdalena, Anastasio, Cirilo, Gualterio (Walter)

Nos hallamos **desolados por probarnos** para cuánto valemos y hasta dónde nos extendemos en su servicio y alabanza, sin tanta paga de consolaciones y crecidas gracias.

23 JULIO
Santos Brígida, Ezequiel, Juan Casiano, Severo. Beata Margarita Maturana

Dios nuestro Señor visita a VV. RR. [vuestras reverencias] con el **efecto de la santa pobreza**, es decir, incomodidad y falta de algunas cosas temporales, las cuales serían necesarias para la salud y bienestar del cuerpo. No es poca gracia que se digna hacer su divina bondad en darnos a gustar actualmente aquello que siempre debe estar en el deseo nuestro para conformarnos a nuestro guía Jesucristo, según el voto e instituto santo de nuestra religión.

24 JULIO
Santos Sarbelio, José Fernández, Cristina, Balduino, Boris y Gleb

Amen todos la pobreza como madre, y según la medida de la santa discreción, a sus tiempos sientan algunos efectos de ella.

25 JULIO
SANTIAGO EL MAYOR.
Santos Cucufate, Cristóbal, Olimpia

Decís cuántas **malicias, celadas y falsedades os han cercado** por todas partes. Ninguna cosa me maravillo de ello, ni mucho más que fuera; porque a la hora que **vuestra persona** se determina, quiere y con todas fuerzas se esfuerza en gloria, honra y servicio de Dios Nuestro Señor, esta tal **ya pone batalla contra el mundo**, y alza bandera contra el siglo, y se dispone a lanzar las cosas altas, abrazando las cosas bajas, queriendo llevar por un hilo lo alto y lo bajo: honra y deshonra, riqueza o pobreza, querido o aborrecido, acogido o desechado; en fin, gloria del mundo o todas injurias del siglo.

26 JULIO
Santos Joaquín y Ana, Jorge Precca

Siempre debemos presumir que **el Señor del mundo todo lo que obra** en las ánimas racionales es, o por darnos mayor gloria, o porque no seamos tan malos; pues para más no halla en nosotros sujeto. Finalmente, como nosotros ignoremos los cimientos y las causas de ella, no podemos determinar los efectos. Así a nosotros es siempre mucho bueno, no sólo vivir en amor, más aún es muy sano en temor; porque sus divinos juicios son en todo inescrutables, de cuya voluntad no hay que indagar razones.

27 JULIO
Santos Celestino I, Pantaleón, Juliana y Semproniana. Beato Tito Brandsma

Nos hallamos **desolados** a fin de darnos verdadera noticia y conocimiento, a saber, para que sintamos internamente que no depende de nosotros traer o tener devoción crecida, amor intenso, lágrimas ni alguna otra consolación espiritual, sino que todo es don y gracia de Dios nuestro Señor; y para que en cosa ajena no pongamos nido, alzando nuestro entendimiento a alguna soberbia o vanagloria, atribuyendo a nosotros la devoción o los otros efectos de la consolación espiritual.

28 JULIO
Santos Víctor I, Melchor de Quirós, Pedro Poveda, Nazario y Celso

No decir palabra ociosa; entiendo por tal la que ni a mí ni a otro aprovecha, ni se dice con intención de aprovechar. De suerte que nunca es ocioso hablar de cualquier cosa provechosa, o con intención de que aproveche al alma propia o ajena, al cuerpo o a bienes temporales.

29 JULIO
Santos Marta de Betania, Urbano II, Félix, Próspero

Juzgamos que no conviene quitar cosa alguna de las que, según el orden del médico (que ha de tener presente nuestra pobreza y estado), sean necesarias **para recobrar la salud.**

30 JULIO
Santos Pedro Crisólogo, Abdón y Senén, Julita

El que está en **consolación** piense cómo deberá actuar en la desolación que vendrá después y tome nuevas fuerzas para entonces.

31 JULIO
Santos Ignacio de Loyola, Fabio, Elena

Su divina Majestad sabe bien cuánto y **cuántas veces me ha puesto en voluntad intensa y deseos muy crecidos**, si alguna cosa (aunque mínima) pudiese hacer todo placer y todo servicio espiritual en la su divina bondad a todos y a todas naturales de esa misma tierra, de donde Dios N. S. me dio, por la su acostumbrada misericordia, mi primer principio y ser natural, sin yo jamás le merecer ni poderle gratificar. Y estos tales deseos (más recibidos de nuestro Señor y Criador universal que por criatura alguna) me llevaron desde París en esa villa [Azpeitia], ahora habrá cinco años pasados, no con mucha salud corporal.

AGOSTO

1 AGOSTO
Santos Alfonso Mª de Ligorio, Félix
No decir nada que sea **infamar** o murmurar; porque si descubro pecado mortal que no sea público, peco mortalmente; si venial, venialmente; y si defecto, muestro defecto propio.

2 AGOSTO
Santos Eusebio, Pedro Julián Eymard. Beata Juana de Aza. Ntra. Sra. de los Ángeles
Dar gracias a Dios nuestro Señor por los beneficios recibidos.

3 AGOSTO
Santos Martín, Eufronio, Pedro
Como **en los ejercicios espirituales se conocen los pecados** y la malicia de ellos **más profundamente** que en el tiempo en que uno no se daba así a las cosas internas, por alcanzar ahora más

conocimiento y dolor de ellos, tendrá mayor provecho y mérito que antes tuviera [hacer la confesión de los pecados].

4 AGOSTO
Santos Juan M. Vianney, Jacinto, Rainiero, Aristarco

Lo que ayuda para la unión de los miembros de esta Compañía entre sí y con su cabeza, mucho también ayudará para conservar el buen ser de ella, como es especialmente el **vínculo de las voluntades, que es la caridad y amor** de unos con otros, al cual sirve el tener noticia y nuevas de unos de otros y mucha comunicación, y usar una misma doctrina y ser uniformes en todo cuanto es posible, y en primer lugar el vínculo de la obediencia.

5 AGOSTO
Dedicación Basílica Santa María la Mayor, Virgen de las Nieves, Virgen Blanca

El curso general que **el enemigo** tiene **con los que quieren y comienzan [a] servir a Dios** Nuestro Señor, es **poner impedimentos y obstáculos**, que es la primera arma con que procura herir, es a saber: ¿cómo has de vivir toda tu vida en tanta penitencia, sin gozar de (parientes, amigos, posesiones, y en vida tan solitaria sin un poco de reposo?: cómo de otra manera te puedas salvar sin tantos peligros; dándonos a entender que hemos de vivir en una vida más larga por los trabajos que antepone, que nunca hombre vivió, no nos dando a entender los solaces y consolaciones tantas que el Señor acostumbra dar a los tales, si el nuevo servidor del Señor rompe todos estos inconvenientes, eligiendo querer padecer con su Criador y Señor.

6 AGOSTO
Transfiguración del Señor.
Santos Justo y Pastor, Hormisdas

El que está consolado procure humillarse y abajarse cuando pueda, pensando para qué poco vale en el tiempo de la desolación, sin esa gracia o consolación.

7 AGOSTO
Santos Sixto II, Cayetano, Alberto, Donato, Afra, Miguel de la Mora

Es **prudencia verdadera** no se fiar de su propia prudencia, y en especial en las cosas propias (donde no son los hombres comúnmente buenos jueces por la pasión).

8 AGOSTO
Santos Domingo de Guzmán, Bonifacia Rodríguez, Ciariaco

Leyendo la vida de nuestro Señor y de los santos, se paraba a pensar, razonando interiormente: —¿Qué sería, si yo hiciese esto que hizo san Francisco, y esto que hizo santo Domingo?—. Y así discurría por muchas cosas que hallaba buenas, proponiéndose siempre a sí mismo cosas dificultosas y graves, que cuando las proponía, le parecía hallar en sí facilidad de ponerlas por obra. Mas todo su discurso era decirse: —**Santo Domingo hizo esto; pues yo lo tengo que hacer. San Francisco** hizo esto; pues yo lo tengo que hacer—.

9 AGOSTO
Santos Teresa Benedicta de la Cruz (Edith Stein), Román

El que está **en desolación piense** que, con la gracia suficiente, puede mucho para resistir a todos sus enemigos, si toma fuerzas en su Criador y Señor.

10 AGOSTO
Santos Lorenzo, Blano

Son tan grandes los pobres en la presencia divina, que principalmente para ellos fue enviado Jesucristo a la tierra: «Por la opresión del mísero y del pobre ahora – dice el Señor – habré de levantarme», lo cual recuerda Jesucristo, haciendo responder a san Juan: «Los pobres son evangelizados» y tanto los prefirió a los ricos, que quiso Jesucristo elegir todo el santísimo colegio de entre los pobres, y vivir y conversar con ellos, dejarlos por príncipes de su Iglesia, constituirlos por jueces sobre las doce tribus de Israel, es decir, de todos los fieles.

11 AGOSTO
Santos Clara, Susana, Rufino, Alejandro.

Y comúnmente **los que tienen cargo** de otros que les han de obedecer, deben darles **ejemplo en la obediencia** que ellos mismos tendrán a los que les serán Superiores en lugar de Cristo nuestro Señor.

12 AGOSTO
Santos Juana F. de Chantal, Aniceto y Focio.
Beata Victoria Díez

La pobreza, como **firme muro de la religión** [**vida religiosa**], se ame y conserve en su puridad, cuanto con la divina gracia posible fuere. Y porque el enemigo de la natura humana suele esforzarse de debilitar esta defensa y reparo [...], todos los que harán profesión en esta Compañía prometan de no ser en alterar lo que a la pobreza toca en las Constituciones, si no fuese en alguna manera, según las ocurrencias *in Domino* [en el Señor], para más estrecharla.

13 AGOSTO
Santos Ponciano e Hipólito, Máximo el Confesor, Radegunda, Benildo

Debemos mirar mucho, y **si el enemigo nos alza, bajamos,** contando nuestros pecados y miserias; si nos abaja y deprime, alzamos en verdadera fe y esperanza en el Señor, y numerando los beneficios recibidos y con cuánto amor y voluntad nos espera para salvar, y el enemigo no cura si habla verdad o mentira, mas sólo que nos venza. Mirad bien cómo los mártires, puestos delante de los jueces idólatras, decían que eran siervos de Cristo; pues vos, puesta delante del enemigo de toda natura humana, y por él así tentada, cuando os quiere quitar las fuerzas que el Señor os da, y os quiere hacer tan flaca y tan temerosa con insidias y con engaños, ¿no osaréis decir que sois deseosa de servir a nuestro Señor? Antes habéis de decir y confesar sin temor que sois su servidora, y que antes moriréis que de su servicio os apartéis: si él me representa justicia, yo luego misericordia; si es él misericordia, yo al contrario digo la justicia. Así es menester que caminemos para que no seamos turbados, que el burlador quede burlado.

14 AGOSTO
Santos Maximiliano Mª Kolbe, Marcelo, Arnulfo

En otras órdenes religiosas podemos sufrir que nos hagan ventaja en ayunos y vigilias y otras asperezas que, según su Instituto, cada una santamente observa; pero **en la puridad y perfección de la obediencia**, con la resignación verdadera de nuestras voluntades y abnegación de nuestros juicios, mucho deseo, Hermanos queridídimos, que se señalen los que en esta Compañía sirven a Dios nuestro Señor, y que en esto se conozcan los hijos verdaderos de ella.

15 AGOSTO
ASUNCIÓN DE LA VIRGEN MARÍA.
Santos Tarsicio, Luis, Manuel, Salvador y David

Como el enemigo ha puesto en nosotros un temor con una sombra de humildad, la cual es falsa, y que no hablemos, ni aun de cosas buenas, santas y provechosas, trae después otro temor mucho peor, es a saber, si estamos apartados, segregados y fuera del Señor nuestro; y esto se sigue en mucha parte de lo pasado; porque así como en el primer temor alcanzó victoria **el enemigo: halla facilidad para tentarnos** en este otro; para lo cual en alguna manera declarar, diré otro discurso que el enemigo tiene. Si halla a una persona [que] tiene la conciencia ancha y pasa los pecados sin ponderarlos, hace cuanto puede que el pecado venial no sea nada, y el mortal venial, y el muy gran mortal poca cosa; de manera que se ayuda con la falta que en nosotros siente; es a saber, por tener la conciencia demasiadamente ancha.

16 AGOSTO
Santos Esteban de Hungría, Roque, Teodoro

Con esta divina consolación todos trabajos son placer, y todas fatigas descanso. El que camina con este fervor, calor y consolación interior, no hay tan grande carga que no le parezca ligera; ni penitencia, ni otro trabajo tan grande, que no sea muy dulce. Esta nos muestra y abre el camino de lo que debemos seguir, y huir de lo contrario; ésta no está siempre en nosotros, mas camina siempre sus tiempos ciertos según la ordenación divina, y todo esto para nuestro provecho.

17 AGOSTO
Santos Jacinto de Polonia, Beatriz de Silva, Eusebio, Clara de Montefalco

Quedando **sin esta tal consolación**, luego viene la otra lección, es a saber: nuestro antiguo **enemigo** poniéndonos todos inconvenientes posibles por desviarnos de lo comenzado, y tanto **nos veja**, y todo contra la primera lección, poniéndonos muchas veces tristeza sin saber nosotros por qué estamos tristes, ni podemos orar con alguna devoción, contemplar, ni aun hablar, ni oír de cosas de Dios Nuestro Señor con sabor o gusto interior alguno; que no sólo esto, mas, si nos halla ser flacos, y mucho humillados a estos pensamientos dañados, nos trae pensamientos, como si del todo fuésemos de Dios Nuestro Señor olvidados; y venimos en parecer que en todo estamos apartados del Señor nuestro; y cuanto hemos hecho, y cuanto queríamos hacer, que ninguna cosa vale; así procura traernos en desconfianza de todo, y así veremos que se causa nuestro tanto temor y flaqueza, mirando en aquel tiempo demasiadamente nuestras miserias, y humillándonos tanto a sus falaces pensamientos.

18 AGOSTO
Santos Alberto Hurtado, Elena. Beato Manés de Guzmán

Es menester **mirar quién combate**: si es **consolación**, bajamos y humillamos, y pensar que luego viene la prueba de la tentación; si viene la **tentación**, oscuridad o tristeza, ir contra ella sin tomar resabio alguno, y esperar con paciencia la consolación del Señor, la cual sacará todas turbaciones, tinieblas de fuera.

19 AGOSTO
Santos Juan Eudes, Ezequiel Moreno, Luis, Sixto, Magín

Cuando **el enemigo de la naturaleza humana** presenta sus astucias e insinuaciones al alma justa, quiere y desea que sean recibidas y tenidas en secreto; pero le pesa mucho cuando el alma las descubre a su buen confesor o a otra persona espiritual que conozca sus engaños y malicia; porque deduce que, al descubrirse sus engaños manifiestos, no podrá salir con el malvado plan que había comenzado.

20 AGOSTO
Santos Bernardo, Samuel, Leovigildo, Cristóbal

Es mucho de advertir a los que se examinan, encareciendo y ponderándolo delante de nuestro Criador y Señor, en cuánto grado ayuda y aprovecha en la vida espiritual aborrecer en todo y no en parte, cuanto el mundo ama y abraza, y admitir y desear con todas las fuerzas posibles cuanto Cristo nuestro Señor ha amado y abrazado. Como los mundanos que siguen al mundo aman y buscan con tanta diligencia honores, fama y estimación de mucho nombre en la tierra, como el mundo les enseña; así **los que van en espíritu y siguen de veras a Cristo nuestro Señor, aman y desean** intensamente todo el contrario, es a saber, **vestirse de la misma vesti-**

dura y librea de su Señor por su debido amor y reverencia, tanto que donde a la su divina Majestad no le fuese ofensa alguna, ni al prójimo imputado a pecado, desean pasar injurias, falsos testimonios, afrentas y ser tenidos y estimados por locos (no dando ellos ocasión alguna de ello) por desear parecer e imitar en alguna manera a nuestro Criador y Señor Jesucristo, vistiéndose de su vestidura y librea, pues la vistió Él por nuestro mayor provecho espiritual, dándonos ejemplo, que en todas cosas a nosotros posibles, mediante su divina gracia, le queramos imitar y seguir, como sea la vía que lleva los hombres a la vida.

21 AGOSTO
Santos Pío X, Ciriaca, José Dang Dinh

Acaece que muchas veces **el Señor nuestro mueve y fuerza a nuestra alma** a una operación o a otra abriendo nuestra alma; es a saber, hablando dentro de ella sin ruido alguno de voces, alzando toda a su divino amor, y nosotros a su sentido, aunque quisiéramos, no pudiendo resistir; y el sentido suyo que tomamos, necesario es conformarnos con los mandamientos, preceptos de la Iglesia y obediencia de nuestros mayores, y lleno de toda humildad, porque el mismo espíritu divino es en todo. Donde hartas veces **nos podemos engañar** es que después de la tal consolación o espiración, como el ánima queda gozosa, **llega el enemigo** todo debajo de alegría y de buen color, para hacernos añadir lo que hemos sentido de Dios Nuestro Señor, para hacernos desordenar y en todo desconcertar.

22 AGOSTO
María Reina. Santos Sinforiano, Felipe Benizi, Juan Kemble

Plegue a la divina bondad nos quiera infundir su gracia; para que en tierra **no escondamos las mercedes y gracias** que siempre nos hace, y esperamos siempre hará si por nosotros no falta. Para lo cual os pido, por servicio y reverencia de la su divina majestad, instéis en hacer oración por nosotros.

23 AGOSTO
Santos Rosa de Lima, Eugenio, Abundio e Ireneo

Deseo mucho que Vuestra Señoría imprimiese en su ánima que, siendo ella y el cuerpo de su Criador y Señor, que de todo le diese buena cuenta, y para ello no dejase enflaquecer la natura corpórea, que, siendo ella flaca, la que es interna no podrá hacer sus operaciones. [...] Y así, cuando el cuerpo por los demasiados trabajos se pone en peligro, es lo más sano, por actos del entendimiento y con otros mediocres ejercicios, buscarlos [los santísimos dones]; porque no solamente el ánima sea sana, mas **la mente sana en cuerpo sano**, todo será más sano y más dispuesto **para mayor servicio divino**.

24 AGOSTO
Santos Bartolomé Apóstol, Jorge, Juana Antida Thouret, Emilia de Vialar

Con el cuerpo sano podréis hacer mucho. El cuerpo bueno en gran manera ayuda para hacer mucho mal y mucho bien: mucho mal a los que tienen la voluntad depravada y hábitos malos; mucho bien a los que tienen la voluntad toda a Dios Nuestro Señor aplicada y en buenos hábitos acostumbrada.

25 AGOSTO
Santos Luis IX de Francia, José de Calasanz. Beato Luis Urbano

Este espíritu desea [Ignacio] ver en los de la Compañía: que **no** hallen (si es posible) **menos devoción en** cualquier obra de **caridad y obediencia que en la oración** o meditación.

26 AGOSTO
Santos Teresa de J. Jornet, Melquisedec. Beato Junípero Serra

El camino de la **santidad** cada vez lo veo más sencillo. Más bien me parece que consiste en **ir quitando cosas,** que en ponerlas. Más bien se va reduciendo a sencillez que complicando con cosas nuevas.

27 AGOSTO
Santos Mónica, Cesáreo de Arlés, Amadeo, David Lewis

Las almas inflamadas y **deseosas de su mayor servicio**, alabanza y gloria, aguzándose una con otra, siempre se despiertan, y siempre **se ayudan** en continuo solaz y provecho espiritual. Como el objeto sea infinito, a la potencia finita no falta lugar para pasar adelante.

28 AGOSTO
Santos Agustín, Julián, Hermes, Alejandro

No tendríamos perdón si no fuéramos buenos y perfectos; porque **Dios de su parte nunca falta**. Rogad al Señor juntamente con nosotros que nos dé a todos gracia para cumplir su santa voluntad, que es la santificación de todos. Y bien os conservéis en Jesucristo Nuestro Señor, quien nos dirija a todos por el camino de la paz, la cual en solo Él se haya.

29 AGOSTO
Martirio de San Juan Bautista. Santos Sabina, Víctor, Adelfo

Como la solicitud demasiada en lo que toca al

cuerpo es represible, así el cuidado competente de mirar cómo se conserve para el divino servicio la **salud y fuerzas corporales es loable,** y deberían todos tenerle.

30 AGOSTO
Santos Juana Jugan, Félix y Adauto, Margarita Ward

Volviendo de Jerusalén, en Alcalá de Henares, después que mis superiores hicieron tres veces proceso contra mí, fui preso y puesto en cárcere por cuarenta y dos días. En Salamanca, haciendo otro, fui puesto no sólo en cárcere, mas en cadenas, donde estuve veinte y dos días. En París, donde después fui siguiendo el estudio, hicieron otro. Y en todos estos cinco procesos y dos prisiones, por gracia de Dios, **nunca quise** tomar ni tomé otro solicitador, ni procurador, ni **abogado (sino a Dios), en quien toda mi esperanza** presente y por venir, mediante su divina gracia y favor, tengo puesta.

31 AGOSTO
Santos Ramón Nonato, José de Arimatea y Nicodemo, Dominguito del Val

[Agradecimiento] **por las muchas gracias espirituales** que Dios nuestro Criador y Señor le ha querido comunicar, queriéndole en todo alzar a su mayor servicio y alabanza por la su acostumbrada gracia, mirando con infinito amor como Criador a su criatura, pues que siendo infinito y haciéndose finito, quiso morir por ella.

SEPTIEMBRE

1 SEPTIEMBRE
Santos Josué, Gil, Sixto, Vicente

En considerar que estas **enfermedades** y otras pérdidas temporales son muchas veces de mano de Dios nuestro Señor **porque más nos conozcamos** y más perdamos el amor de las cosas criadas, y más enteramente pensemos cuán breve es esta nuestra vida, para adornarnos para la otra que siempre ha de durar.

2 SEPTIEMBRE
Santos Antonino, Zenón, Teódota.
Beata Ingrid

Vosotros allá y nosotros acá, todos llevando **un mismo fin de servir** siempre en aumento a nuestro Criador y Señor, siendo enteramente fieles y en todo gratísimos a personas que tanto debajo de la su divina y suma bondad debemos, procuremos, con todas fuerzas que de arriba nos fueren concedidas, tomar nuestra parte de trabajos espirituales y corporales.

3 SEPTIEMBRE
Santos Gregorio Magno, Basilisa, Sandalio

Es propio del enemigo debilitarse y perder ánimo, huyendo sus tentaciones, cuando la persona que se ejercita en las cosas espirituales pone mucho rostro contra las tentaciones del enemigo, haciendo lo diametralmente opuesto.

4 SEPTIEMBRE
Santos Moisés, Marcelo, Cándida, Rosalía. Ntra. Sra. de la Consolación

Si la persona que se ejercita comienza a tener temor y perder ánimo en sufrir las tentaciones, no hay bestia tan fiera sobre la faz de la tierra como el **enemigo de la naturaleza humana**, cuando intenta realizar su dañina intención con tan crecida malicia.

5 SEPTIEMBRE
Santos Bertín, Urbano, Pedro Nguyen. Beata Teresa de Calcuta

En todas las conversaciones que queremos ganar, para meter en red en mayor servicio de Dios nuestro Señor, **tengamos con otros el mismo orden que el enemigo** tiene con una buena ánima todo para el mal, nosotros todo para el bien, es a saber: el enemigo entra con el otro y sale consigo; entra con el otro, no le contradiciendo sus costumbres, mas alabándoselas;

toma familiaridad con el ánima, trayéndola a buenos y santos pensamientos, apacibles a la buena ánima; después poco a poco procura salir consigo, trayéndole bajo capa de bien a algún inconveniente de error o ilusión, siempre al mal; ansí nosotros podemos para el bien, alabar o conformar con uno cerca alguna cosa particular buena, disimulando en las otras cosas que malas tiene, y ganando su amor hacemos nuestras cosas mejor; y así, **entrando con él, salimos con nosotros**.

6 SEPTIEMBRE
Ntra. Sra. de Guadalupe (España).
Santos Zacarías, Onesíforo, Bega

Para conversar y venir en amor de algunos grandes o mayores en mayor servicio de Dios nuestro Señor, mirar primero de qué condición sea y haceros de ella, es a saber: si es colérico y habla de presto y regocijado, tener alguna manera en conversación su modo en buenas y santas cosas, y no mostrarse grave, flemático o melancólico. Que a natura son recatados, tardos en hablar, graves y pesados en sus conversaciones, tomar el modo de ellos con ellos, porque aquello es lo que les agrada: **«Me he hecho todo a todos»**.

7 SEPTIEMBRE
Santos Regina, Madelberta, Clodoaldo

Mirar cómo Dios habita en las criaturas: en los elementos dándoles el ser, en las plantas dándoles la vida vegetativa, en los animales la vida sensitiva, en los hombres dándoles también la vida racional, y así en mí dándome el ser, la vida, los sentidos y la inteligencia; asimismo habita en mí haciéndome templo, pues yo he sido creado a semejanza e imagen de su divina majestad.

8 SEPTIEMBRE
Natividad de María. Santos Fausto, Sergio. Beato Federico Ozanam

Yo para mí me persuado, que antes y después **soy todo impedimento**; y de esto siento mayor contentamiento y gozo espiritual en el Señor nuestro, por no poder atribuir a mí cosa alguna que buena parezca.

9 SEPTIEMBRE
Santos Pedro Claver, María de la Cabeza

Ciertamente lo que se hace **con moderación** dura; pero lo que inflige demasiada violencia al cuerpo no puede durar mucho tiempo.

10 SEPTIEMBRE
Santos Nicolás de Tolentino, Pedro de Mezonzo. Beato Francisco Gárate

Los días pasados, recibiendo una [carta] vuestra y sintiendo en ella vuestros buenos deseos y santos afectos a mayor gloria divina, me gocé mucho con ella en el Señor nuestro, a quien plega por la su infinita y suma bondad os aumente siempre en amarle en todas cosas, **poniendo, no en parte, mas en todo, todo vuestro amor y querer en el mismo Señor**, y por Él en todas las criaturas: conversando con muchas personas que hablan y obran a gloria de la su divina Majestad, y frecuentando las confesiones y el recibir del santísimo Sacramento todas las veces que pudieres, porque a la vuestra ánima haga en todo unir consigo por vera esperanza, creciendo la viva fe y la muy necesaria caridad, sin la cual no nos podemos salvar.

11 SEPTIEMBRE
Santos Proto y Jacinto, Félix y Régula, Emiliano. Ntra. Sra. de Coromoto

Me he gozado más que mucho en el Señor nuestro en sentir cosas en ellas [cartas recibidas por san Ignacio], más sacadas de experiencia y conversación interna que de fuera de aquélla, que **el Señor nuestro por la su infinita bondad**

acostumbra dar a las almas que en todo hacen asiento en ella, como en principio, medio y fin de todo nuestro bien. Sea para siempre su sumo nombre alabado y ensalzado en todas y por todas las criaturas, a este tan justo y debido fin ordenadas y criadas.

12 SEPTIEMBRE
Dulcísimo Nombre de María. Santos Guido, Albeo. Ntra. Sra. de la Fuensanta

A los que enteramente aman al Señor todas las cosas les ayudan y todas les favorecen para más merecer y para más allegar y unir con caridad intensa con su mismo Criador y Señor, aunque muchas veces ponga la criatura impedimentos de su parte para lo que el Señor quiere obrar en su ánima.

13 SEPTIEMBRE
Santos Juan Crisóstomo, Julián, Marcelino

Considerar cómo Dios trabaja y labora por mí en todas las cosas criadas sobre la faz de la tierra; esto es, se comporta como uno que está trabajando. Así como en los cielos, elementos, plantas, frutos, ganados, etc., dándoles el ser, conservándoles la vida vegetativa y sensitiva.

14 SEPTIEMBRE
Exaltación de la Santa Cruz.
Santos Alberto, Notburga

Para hacer **la señal de la santa cruz** ponemos la mano en la cabeza, que significa Dios Padre, el cual no procede de nadie; cuando ponemos la mano en el vientre, significa su Hijo, nuestro Señor, el cual procede del Padre, y vino hasta el vientre de la sacratísima Virgen María; cuando ponemos la mano de un lado al otro significa el Espíritu Santo, el cual procede del Padre y del Hijo; cuando ponemos las manos juntas, significa que las tres personas son una verdadera esencia.

15 SEPTIEMBRE
Ntra. Sra. de los Dolores. Santos Nicomedes, Valeriano, Alpino

Si las cosas de que se hablare son tan justas, que no se pueda o deba callar, **dando** allí su **parecer con la mayor quietud y humildad** posible, concluyendo salvo otro parecer mejor.

16 SEPTIEMBRE
Santos Cornelio y Cipriano, Juan Macías, Eufemia, Rogelio

Ser tardo en hablar, ayudándome en el oír, quieto para sentir y **conocer** los entendimientos, afectos y voluntades de **los que hablan, para mejor responder o callar**.

17 SEPTIEMBRE
Santos Roberto Belarmino, Pedro Arbués, Lamberto, Columba

Usad muy moderadamente todo ejercicio mental, haced cuenta que la **recreación** exterior ordenada [...] es oración y que en ella **agradáis a Dios** Nuestro Señor.

18 SEPTIEMBRE
Santos José de Cupertino, Ariadna, Sofía, Domingo Trach

Usar medios humanos a sus tiempos, **enderezados puramente a su servicio, no es mal**, cuando en Dios y su gracia se tiene el áncora firme de la esperanza; pero no usar de los tales cuando Dios, por otras vías proveyendo, los hace ser excusados, o cuando no se esperase que ayudarían para su mayor servicio, en esto todos somos de acuerdo...

19 SEPTIEMBRE
Santos Jenaro, Alonso de Orozco, Mariano, María de Cervelló

El **enemigo de la naturaleza humana**, rodeando mira en torno todas nuestras virtudes teologales, cardinales y morales; y por donde nos halla más débiles y más necesitados para nuestra salvación eterna, por allí nos combate y procura tomamos.

20 SEPTIEMBRE
Santos Andrés Jim, Pablo Chong, Juan Carlos Cornay

Por el alma silenciosa **navegan los pensamientos de Dios**; y cuanto más silencio, más paz, más serenidad y más facilidad para estar en la presencia del Señor.

21 SEPTIEMBRE
Santos Mateo Apóstol, Jonás, Cástor, Landelino, Maura

Bien me persuado que cuanto más una persona será versada y experimentada de **humildad y caridad**, que cuanto más sentirá y conocerá hasta las cogitaciones mucho menudas, y otras cosas delgadas que le impiden y desayudan, aunque sean al parecer de poco o casi de ningún momento, siendo tanto tenues en sí; sin embargo, para en todo conocer nuestros impedimentos y faltas, no es de esta vida presente, como el Profeta pide ser librado de las culpas que no conoce, y san Pablo, confesando no conocerlas, añade, que no por eso es justificado.

22 SEPTIEMBRE
Santos Florencio, Mauricio, Emérita

Plega a Jesucristo, que tanto por todos hizo y padeció, de **dar copiosa gracia**, para que **se padezca fructuosamente** por su santo amor lo que se ofrecerá padecer, y se remedie todo lo que ha menester remedio en el modo que a su divina bondad fuere más agradable.

23 SEPTIEMBRE
Santos Pío de Pietrelcina, Zacarías e Isabel, Lino. BB. Cristóbal, Antonio y Juan
Ser tardo en hablar, ayudándome en el oír, quieto para sentir y conocer los entendimientos, afectos y voluntades de los que hablan, **para mejor responder** o callar.

24 SEPTIEMBRE
Ntra. Sra. de la Merced.
Santos Gerardo Sagredo, Antonio González
Si las cosas de que se hablare son tan justas, que no se pueda o deba callar, **dando allí su parecer con la mayor quietud y humildad** posible, concluyendo salvo otro parecer mejor.

25 SEPTIEMBRE
Santos Cleofás, Fermín y Tata y 4 hijos
Mirar cómo **todos los bienes y dones descienden de arriba**, así como mi potencia limitada procede de la suma e infinita de arriba, y así la justicia, bondad, piedad, misericordia, etc., así como del sol descienden los rayos, de la fuente las aguas.

26 SEPTIEMBRE
Santos Cosme y Damián, Gedeón, Nilo, Lucía Kim

A mayor gloria de Nuestro Señor lo que principalmente en esta jornada de **Trento** se pretende por nosotros, procurando estar juntos en alguna honesta parte, es predicar, confesar y leer, enseñando a muchachos, dando ejercicios, visitando pobres en hospitales, y exhortando a los prójimos, según que cada uno se hallare con este o con aquel talento para mover las personas que pudiéremos a devoción y oración, para que todos rueguen y roguemos a Dios Nuestro Señor que su divina Majestad se digne infundir su espíritu divino en todos los que trataren las materias que a tan alta congregación pertenecen, para que el Espíritu Santo con mayor abundancia de **dones y gracia descienda en el tal concilio.**

27 SEPTIEMBRE
Santos Vicente de Paúl, Cayo, Adolfo y Juan

En las enfermedades todos procuren sacar fruto de ellas, no solamente para sí, pero para la edificación de los otros, no siendo impacientes, ni difíciles de contentar, antes teniendo y mostrando mucha paciencia y obediencia al médico y enfermero, usando palabras buenas y edificativas que muestren que se acepta la

enfermedad como gracia de la mano de nuestro Criador y Señor, pues no lo es menos que la sanidad.

28 SEPTIEMBRE
Santos Lorenzo Ruiz, Wenceslao. Simón de Rojas

Así como cerca el definir de las cosas ayuda el hablar tardo o poco, como está dicho, por el contrario, **para mover a las almas a su provecho espiritual, ayuda el hablar largo**, concertado, amoroso y con afecto.

29 SEPTIEMBRE
Santos Arcángeles Miguel, Gabriel y Rafael

Es **propio de Dios y de sus ángeles**, en sus mociones, dar verdadera **alegría y gozo** espiritual, quitando toda tristeza y turbación, a las que el enemigo induce; del cual es propio guerrear contra esa alegría y consolación espiritual, trayendo razones aparentes, sutilezas y continuos engaños.

30 SEPTIEMBRE
Santos Jerónimo, Eusebia, Antonio, Honorio

De ese **retiro** se siguen tres **provechos principales**, entre otros muchos. El primer provecho que se sigue de retirarse (a orar) es que, al apartarse uno de muchos amigos y conocidos y asimismo de muchos negocios no bien ordenados, por servir y alabar a Dios nuestro Señor, no poco merece delante de su divina majestad.

OCTUBRE

1 OCTUBRE
Santos Teresa del Niño Jesús, Verísimo, Máxima y Julia, Román. B. Juan de Palafox
Conoced, examinad la vocación a que fuisteis llamados «en virtud de la gracia que (te) fue dada» en Cristo, ejercedla, insistid, con ella negociad, que no permanezca en vos ociosa, nunca le resistáis, «porque Dios es el que obra en vosotros así el querer como el obrar, en virtud de su beneplácito», que es en sí y por sí infinita y supergloriosa e inefable por Cristo Jesús. Esto os escribo a fin de espolear al que corre, como vulgarmente se dice...

2 OCTUBRE
Santos Ángeles Custodios, Saturio
Debemos advertir mucho el **curso de los pensamientos**; y si al principio, medio y fin es todo bueno, inclinado a todo bien, es señal de **ángel bueno**; pero si el curso de los pensamientos que trae acaba en alguna cosa mala o distractiva, o menos buena que la que antes el alma había

propuesto, o la debilita, inquieta o conturba, quitándole la paz, tranquilidad y quietud que antes tenía, es señal clara de que procede del mal espíritu, enemigo de nuestro provecho y salvación eterna.

3 OCTUBRE
Santos Francisco de Borja, Dionisio Areopagita, Gerardo

Sólo es de Dios nuestro Señor dar **consolación al alma sin causa** precedente, porque es propio del Criador entrar, salir, hacer moción en ella, elevándola toda en amor de su divina majestad. «Sin causa» quiere decir sin ningún previo sentimiento o conocimiento de algún objeto por el que venga esa consolación mediante sus actos de entendimiento y voluntad.

4 OCTUBRE
Santos Francisco de Asís, Áurea de París, Petronio, Quintín

No consintáis que os hagan ventaja los hijos de este mundo en buscar con más solicitud y diligencia las **cosas temporales que vosotros las eternas**. Avergonzaos que ellos corran con más prontitud a la muerte que vosotros a la vida. Teneos para poco, si un cortesano sirve con más vigilancia por haber la gracia de un terreno príncipe que vosotros por la del celeste; y si un soldado por honra del vencimiento y algún despojo se apercibe y pelea más animosamente que vosotros por la victoria y triunfo del mundo, demonio y de vosotros mismos, junto con el reino y gloria eterna.

5 OCTUBRE
Santos Mª Faustina Kowalska, Apolinar, Mauro y Plácido

Mirad vuestra vocación para de una parte **dar a Dios muchas gracias** de tanto beneficio, y de otra **pedirle especial favor** para poder responder a ella, y ayudaros con mucho ánimo y diligencia, que nos es harto necesaria para salir con tales fines; y la flojedad y tibieza y fastidio del estudio y los otros buenos ejercicios por amor de nuestro Señor Jesucristo, reconocedlos por enemigos formados de vuestro fin.

6 OCTUBRE
Santos Bruno, María Francisca, Román

No seáis, por amor de Dios, **remisos ni tibios**; que, como dice, el aflojamiento quiebra el ánimo, como la tirantez el arco; y al contrario, el alma de los que trabajan se llenará de vigor y lozanía, según Salomón.

7 OCTUBRE
Ntra. Sra. la Virgen del Rosario. Santos Justina, Martín Cid, Marcelo

Procurad entretener el **fervor santo y discreto para trabajar** en el estudio así de letras como de virtudes: que con el uno y con el otro vale más un acto intenso que mil remisos; y lo que no alcanza un flojo en muchos años, un diligente suele alcanzar en breve tiempo.

8 OCTUBRE
Santos Hugo, Pelagia, Evodio, Reparada

El contentamiento que en esta vida puede haberse, la experiencia muestra que se halla, no en los flojos, sino **en los que son fervientes en el servicio de Dios**. Y con razón; porque esforzándose de su parte [a] vencer a sí mismos y deshacer el amor propio, [quiten] con él las raíces de las pasiones y molestias todas, y también, con alcanzar los hábitos virtuosos, vienen naturalmente a obrar conforme a ellos fácil y alegremente.

9 OCTUBRE
Santos Dionisio, Juan Leopardi, Luis Bertrán, Abrahán

La tibieza es causa de siempre vivir con molestias, no dejando quitar la causa de ella, que es [el] amor propio, ni mereciendo el favor divino.

Así que deberíais animaros mucho a trabajar en vuestros loables ejercicios, pues aun en esta vida sentiréis el provecho del fervor santo, no sólo en la perfección de vuestras ánimas, pero aun [en] el contentamiento de la presente vida.

10 OCTUBRE
Santos Tomás de Villanueva, Daniel Comboni, Casio y Florencio

Sobre todo **querría os excitase el amor puro de Jesucristo**, y deseo de su honra y de la salud de las ánimas, que redimió, pues sois soldados suyos con especial título y sueldo en esta Compañía: digo especial, porque hay otros muchos generales, que cierto mucho os obligan a procurar su honra y servicio.

11 OCTUBRE
Santos María Soledad Torres, Felipe Diácono. Beato Juan XXIII

Sueldo suyo [de Jesucristo] **es todo lo natural** que sois y tenéis, pues os dio y conserva el ser y vida, y todas las partes y perfecciones de ánima y cuerpo y bienes extremos.

12 OCTUBRE
Ntra. Sra. del Pilar.
Santos Félix IV, Serafín, Maximiliano

Sueldo [de Jesucristo] **son los dones espirituales**

de su gracia, con que tan liberal y benignamente os ha prevenido y os los continúa, siéndole contrarios y rebeldes; sueldos son los inestimables bienes de su gloria, la cual, sin poder Él aprovecharse de nada, os tiene aparejada y prometida, comunicándoos todos los tesoros de su felicidad para que seáis por participación eminente de su divina perfección lo que él es por su esencia y natura.

13 OCTUBRE
Santos Teófilo, Fausto, Jenaro y Marcial, Venancio

Sueldo [de Jesucristo] es, finalmente, todo el universo y lo que en él es contenido corporal y espiritual, pues no solamente ha puesto en nuestro ministerio cuanto debajo el cielo se contiene, pero toda aquella sublimísima corte suya, sin perdonar a ninguna de las celestes jerarquías, que todos son espíritus servidores, destinados a servir en bien de aquellos que han de recibir la herencia de la salvación.

14 OCTUBRE
Santos Calixto I. Beata María Poussepin

Si por sí todos estos sueldos [de Jesucristo] no bastasen, **sueldo se hizo a sí mismo**, dándosenos por hermano en nuestra carne, por precio de nuestra salud en la cruz, por mantenimiento y compañía de nuestra peregrinación en la **eucaristía.**

15 OCTUBRE
Santos Teresa de Jesús, Severo, Tecla

Un **modo de orar** es que la persona, de rodillas o sentado, según se halle más dispuesto y como más devoción le acompañe, teniendo los ojos cerrados o fijos en un lugar sin andar variando con ellos, diga «**Padre**»; y esté en la **consideración de esta palabra** todo el tiempo que halle significaciones, comparaciones, gustos y consolación en consideraciones a propósito de esa palabra; y de la misma manera haga en cada palabra del Padrenuestro, o de otra oración cualquiera con la que quiera orar de esta forma.

16 OCTUBRE
Santos Eduvigis, Margarita Mª Alacoque, Longinos, Gerardo Mayela

No solamente **entre vosotros mantengáis la unión y amor continuo**, pero aun le extendáis a todos, y procuréis encender en vuestras ánimas vivos deseos de la salud del prójimo, estimando lo que cada uno vale del precio de la sangre y vida de Jesucristo que costó: porque de una parte aparejando las letras, de otra aumentando la caridad fraterna os hagáis enteros instrumentos de la divina gracia y cooperadores en esta altísima obra de reducir a Dios, como a supremo fin, sus criaturas.

17 OCTUBRE
Santos Ignacio de Antioquía, Oseas, Rufo y Zósimo

No deben hacer cosa alguna sino por amor y servicio de Dios Nuestro Señor y en aquello se debe hallar cada uno más contento que le es mandado, pues entonces no puede dudar que se conforma con la voluntad de Dios Nuestro Señor.

18 OCTUBRE
Santos Lucas Evangelista, Amable, Asclepiades

En pensar que con estas cosas [enfermedades] visita a las personas que mucho ama, no puedo sentir tristeza ni dolor, porque pienso que un servidor de Dios **en una enfermedad sale hecho medio doctor** para enderezar y ordenar su vida en gloria y servicio de Dios nuestro Señor.

19 OCTUBRE
Santos Juan de Brébeuf e Isaac, Pablo de la Cruz, Pedro de Alcántara, Joel

No podremos tener en mucho las afrentas de esta vida, cuando no pasan de palabras, porque todas ellas no pueden romper un cabello; y las palabras dobladas, feas e injuriosas no causan más dolor o más descanso de cuanto son deseadas; y si **nuestro deseo es vivir en honra** absolutamente y en gloria de nuestros vecinos, **ni podremos estar bien arraigados en Dios** Nuestro Señor, ni es posible que quedemos sin herida, cuando las afrentas se nos ofrecieren.

20 OCTUBRE
Santos Cornelio Centurión, Vital, Adelina, Andrés Calibia

No solamente vienen las **enfermedades espirituales de causas frías**, como es la tibieza, pero aun de calientes, como es el demasiado fervor. Sea vuestro culto racional, dice san Pablo; porque sabía ser verdadero lo que decía el salmista: La majestad del Rey ama el juicio, esto es, la discreción.

21 OCTUBRE
Santos Hilarión de Gaza, Viator, Celina, Severino

Mirad también vuestros **prójimos como una imagen de la santísima Trinidad** y capaz de su gloria, a quien sirve el universo, miembros de Jesucristo, redimidos con tantos dolores, infamias y sangre suya; mirad, digo, en cuánta miseria se halla en tan profundas tinieblas de ignorancia, y tanta tempestad de deseos y temores vanos y otras pasiones, combatidos de tantos enemigos visibles e invisibles, con riesgo de perder, no la hacienda o vida temporal, sino el reino y felicidad eterna y caer en tan intolerable miseria del fuego eterno.

22 OCTUBRE
Santas Nunilo y Alodía.
Beato Timoteo Giaccardo

Ved con mucho dolor cuánto es [Dios] **ignorado**, menospreciado, blasfemado su santo nombre en todos lugares; la doctrina de Jesucristo es desechada, su ejemplo olvidado, el precio de su sangre en un cierto modo perdido de nuestra parte, por haber tan pocos que de él se aprovechen.

23 OCTUBRE
Santos Juan de Capistrano, Marcos, Valerio

La paz del Señor nuestro, que es interior, **trae consigo todos los otros dones** y gracias necesarias a la salvación y vida eterna; porque la tal paz hace amar al prójimo por amor de su Criador y Señor, y así amando, guarda todos los mandamientos de la ley, como dice San Pablo: El que ama a otro ha cumplido plenamente la ley. Ha cumplido toda la ley, porque ama a su Criador y Señor, y a su prójimo por Él.

24 OCTUBRE
Santos Antonio Mª Claret, Proclo

Con los que sintiéremos **tentados** o tristes, **habernos graciosamente** con ellos, hablando largo, mostrando mucho placer y alegría, dentro y fuera, por ir al contrario de lo que sienten, para mayor edificación y consolación.

25 OCTUBRE
Santos Crisanto y Daría, Frutos, Valentín y Engracia, Bernardo Calbó

«**Con causa**» **puede consolar** al alma así el ángel bueno como el malo por fines contrarios: el ángel bueno para provecho del alma, para que crezca y suba de bien en mejor; y el ángel malo para lo contrario, y posteriormente para traerla a su dañina intención y malicia.

26 OCTUBRE
Santos Albino, Fulco, Luciano y Marciano, Amando

[A]cerca [de] nuestro modo de vivir y nuestro pan cotidiano, parece por gracia de Dios Nuestro Señor que **en todo abundamos;** más *de lo que podemos no usamos.*

27 OCTUBRE
Santos Evaristo, Gaudioso, Vicente, Sabina y Cristeta

Padeciendo contrarios efectos en la tierra, **el alma iluminada**, y del rocío eterno clarificada, **pone su nido en alto**, y todo su deseo en no desear otro que Cristo, y aquél crucificado, porque en esta vida crucificado, a la otra suba resucitado.

28 OCTUBRE
Santos Simón y Judas Tadeo Apóstoles, Fidel, Francisco Serrano, Rodrigo Aguilar

Cuanto al **comulgar cada día**, atento que en la primitiva Iglesia todos se comulgaban cada día, y que después acá no hay ordenación ni escritura alguna de la nuestra santa madre Iglesia, ni de los santos doctores escolásticos ni positivos, que no puedan comulgar cada día las personas que fueren movidas por devoción; y si el bienaventurado san Agustín dice que comulgar cada día ni lauda ni vitupera, en otra parte diciendo que exhorta a todos a comulgar todos los días de domingos, más adelante dice, hablando del cuerpo sacratísimo de Cristo Nuestro Señor: este pan es cotidiano; luego así vivid como cada día podáis recibir. Esto todo siendo así, aunque no hubiese tantas buenas señales ni tan sanas mociones, el bueno y entero testimonio es el propio dictamen de la conciencia, es a saber: después que todo os es lícito en el Señor nuestro, si juzgáis, apartada de pecados mortales claros, o que podáis juzgar por tales, que vuestra ánima más se ayuda y más se inflama en el amor de vuestro Criador y Señor, y con tal intención os comunicáis, hallando por experiencia que este santísimo manjar espiritual os sustenta, quieta y reposa, y conservando os aumenta en su mayor servicio, alabanza y gloria, no dudando, os es lícito, y os será mejor comulgaros cada día.

29 OCTUBRE
Santos Narciso, Feliciano, Honorato, Joaquín Royo

Si la persona que **contempla el Padrenuestro** hallare en una palabra o en dos tan buena materia para pensar, y gusto y consolación, **no se preocupe por pasar adelante**, aunque se acabe la hora.

30 OCTUBRE
Santos Marcelo, Claudio, Lupercio y Victorico, Germán, Gerardo

Cuanto **mayor deseo** alcanzáremos de nuestra parte, sin ofensa de prójimos, de vestirnos de la librea de Cristo nuestro Señor, que es **de oprobios, falsos testimonios y de todas otras**

injurias, tanto más nos iremos aprovechando en espíritu, ganando riquezas espirituales, de las cuales, si en espíritu vivimos, desea nuestra ánima en todo ser adornada.

31 OCTUBRE
Santos Alonso Rodríguez, Jerónimo Hermosilla, Quintín. B. María de la Purísima

Considerando que las **personas, sallendo de sí y entrando en su Criador** y Señor, tienen asidua advertencia, atención y consolación, y sentir cómo todo nuestro bien eterno sea en todas cosas criadas, dando a todas ser, y conservando en él con infinito ser y presencia, fácilmente me persuado que con las más se consuele.

NOVIEMBRE

1 NOVIEMBRE
TODOS LOS SANTOS

Pues **si miráis al premio de la [vida] eterna**, como deberíais mirar muchas veces, fácilmente os persuadirá san Pablo, que no son de comparar los trabajos de esta vida temporal con la gloria venidera que ha de manifestarse en nosotros; porque la tribulación nuestra de ahora, momentánea y ligera, nos acarrea sobre todo exceso para las alturas de los cielos un peso eterno de gloria.

2 NOVIEMBRE
TODOS LOS FIELES DIFUNTOS

Como en lo dicho se ayudan los prójimos a bien vivir, así es de procurar de entender **lo que ayuda a bien morir**, y el modo que se ha de tener en punto tan importante para conseguir o perder el último fin de la felicidad eterna.

3 NOVIEMBRE
Santos Martín de Porres, Pedro Almató, Germán, Silvia. Beato Manuel Lozano (Lolo)

Es **propio del ángel malo**, que se disfraza de ángel de luz, entrar con lo que gusta al alma devota y salir con el mal que él pretende; es a saber, traer pensamientos buenos y santos conforme a esa alma justa; y después, poco a poco, procura salirse con la suya, trayendo al alma a sus engaños cubiertos y perversas intenciones.

4 NOVIEMBRE
Santos Carlos Borromeo, Vital y Agrícola, Félix de Valois

Bienaventurados aquellos que en esta vida se aparejan para ser juzgados y salvos por la su divina majestad, por cuyo amor y reverencia pido, no dilatando pongáis mucha diligencia en reformar vuestras conciencias, para **que vuestras ánimas se hallen seguras en el tiempo de la importuna y extrema necesidad** nuestra. Visitando de mi parte y dando muchas encomiendas.

5 NOVIEMBRE
Santos Ángela de la Cruz, Bertila, Domingo Mâu. Beata María Rafols

No sólo antes que en el obrar se reciban gracias, **dones y gustos del Espíritu Santo**, mas aun

venidos y recibidos (siendo la tal ánima visitada y consolada, quitando toda oscuridad y inquieta solicitud de ella, adornándola de los tales bienes espirituales, haciéndola toda contenta y toda enamorada de las cosas eternas, que para siempre en continua gloria han de durar), venimos a desatarnos aún con pensamientos de poca importancia, no sabiendo conservar tanto bien celestial.

6 NOVIEMBRE
Santos Severo, Leonardo, Melanio. Beatos Mártires del siglo XX en España

Quien tiene en **Dios** el **fundamento de toda su esperanza**, y para el servicio suyo con solicitud se aprovecha de los dones que Él da, internos y externos, espirituales y corporales, pensando que su virtud infinita obrará con medios o sin ellos todo lo que le pluguiere, pero que esta tal solicitud le place cuando rectamente por su amor se toma, no es esto doblar las rodillas ante Baal, sino ante Dios, reconociéndole por autor, no solamente de la gracia, pero aun de la natura. Lo cual parece no reconoce el que deja de darle puras gracias y gozarse puramente en Él, cuando medios de industria humana intervienen en lo que les causa la alegría y acción de gracias; antes parece que siente ser uno el principio de gracia y otro el principio de la natura en tal modo de hablar.

7 NOVIEMBRE
Santos Lázaro, Hierón, Florencio, Jacinto Castañeda. Beato Francisco Palau

En las letras, clara se ve la **diferencia del diligente y negligente**; pero hay la misma **en el vencer de las pasiones** y flaquezas, a que nuestra natura es sujeta y en el adquirir las virtudes. Porque es cierto que **los remisos**, por no pelear contra sí, tarde o nunca llegan a la paz del ánima, ni a poseer virtud alguna enteramente; donde los estrenuos y **diligentes** en breve tiempo pasan muy adelante en lo uno y lo otro.

8 NOVIEMBRE
Santos Godofredo, Adeodato.
Beatos Juan Duns Escoto, Isabel de la Trinidad

Entre muchas señales de la fe viva y esperanza que tenemos de la eterna vida, ésta es una y muy cierta, **no nos entristecer demasiadamente de la muerte** de los que mucho queremos en el Señor nuestro. A aquellos es más lícito que se entristezcan que con la muerte corporal piensan perderse y dejar de ser el que antes vivía, pues, según su errado concepto, la muerte es la extrema de las miserias. [...] Si no se debe llorar la bienaventuranza de los que amamos, tampoco la muerte, que es principio, o a lo menos cierta vía para ella.

9 NOVIEMBRE
Dedicación de la Basílica de Letrán.
Santos Jorge, Ursino

Esperando en todo en la suma bondad y virtud divina, con vuestras oraciones, y con las de todos los que en su divina Majestad nos aman, no esperamos rehusar trabajo alguno, que en su justo y debido servicio sea.

10 NOVIEMBRE
Santos León Magno, Orestes, Andrés Avelino

Como hemos menester amigos y santos, que en todas partes interpelen por nosotros, todos esperamos en la divina majestad, siendo su santísima voluntad cumplida, **no menos nos ayudará allá** [en la muerte del P. Pedro Fabro], **que acá** pudiera. Por todo y en eterno sea la divina y suma voluntad alabada y glorificada. Amén. Amén. Amén.

11 NOVIEMBRE
Santos Martín de Tours, Teodoro Estudita, Marina de Omura

Mirad vuestra vocación cuál sea, y veréis que **lo que en otros no sería poco, lo será en vosotros**. Porque no solamente os llamó Dios de las tinieblas a su admirable luz y os pasó al reino del Hijo de su amor, como a todos los otros fieles; pero, porque mejor conservaseis la puridad y tuvieseis el amor más unido en las cosas espirituales del servicio suyo, tuvo por bien sacaros del golfo peligroso de este mundo, porque no peligrase vuestra conciencia entre las tempestades, que en él suele mover el viento del deseo, ahora de haciendas, ahora de honras, ahora de deleites; o el contrario, del temor de perder todo esto.

12 NOVIEMBRE
Santos Josafat, Millán de la Cogolla, Nilo, Margarito Flores

No temáis la enfermedad; que el que es salud eterna, por virtud de la obediencia os dará tanta salud que os baste.

13 NOVIEMBRE
Santos Leandro, Estanislao de Kostka, Diego de Alcalá

El nada en demasía, dicho del filósofo, **se debe en todo guardar**, aun en la justicia misma, como leéis en el Eclesiástico: No seas justo en demasía. A no tener esta moderación, el bien se convierte en mal y la virtud en vicio, y se siguen muchos inconvenientes contrarios a la intención del que así camina.

14 NOVIEMBRE
Santos José de Pignatelli, Rufo, Lorenzo O'Toole, Serapio

Del mismo modo que en una esposa se ha de recomendar un adorno recatado, que sea expresión de modestia, así también nosotros aprobamos que el **lenguaje que usan los nuestros**, tanto al hablar como al escribir, no sea demasiado adornado y ligero, sino más bien grave y maduro, sobre todo en las cartas, cuyo estilo debe ser, por su naturaleza, conciso y pulcro, y mucho más rico en contenidos que en palabras.

15 NOVIEMBRE
Santos Alberto Magno, Marino y Aniano, Leopoldo, José Pignatelli

¡Oh cuánto es mal soldado a quien no bastan tales sueldos para hacerle trabajar por la honra del tal príncipe! Pues cierto es que, por obligarnos a desearla y procurar con más prontitud, **quiso su Majestad prevenirnos con estos tan inestimables y costosos beneficios,** deshaciéndose en un cierto modo su felicidad perfectísima de sus bienes por hacernos partícipes de ellos.

16 NOVIEMBRE
Santos Margarita de Escocia, Gertrudis, Roque y Alfonso

Teneos para poco, si un cortesano sirve con más vigilancia por haber la gracia de un terreno príncipe que vosotros por la del celeste; y si un soldado por honra del vencimiento y algún despojo se apercibe y pelea más animosamente que vosotros por la victoria y triunfo del mundo, demonio y de vosotros mismos, junto con el reino y gloria eterna.

17 NOVIEMBRE
Santos Isabel de Hungría, Acisclo, Aniano, Hugo, Filipina Duchesne

El visitar los enfermos, y ayudar a morir bien los que están para pasar de esta vida, y bien vivir los que están en pecados públicos carnales, o de enemistades, o usuras, **se hace como cosa propia** de nuestra profesión, y da suceso a la diligencia Dios nuestro Señor, y consolación a los operarios.

18 NOVIEMBRE
Dedicación de las Basílicas de San Pedro y San Pablo. San Román

Tened buen ánimo y **consolaos en Dios** «y en el poder de su fuerza», que es Cristo Jesús, Señor y Dios nuestro. De su propia voluntad, «por nuestros pecados murió», y sin duda «fue resucitado por nuestra justificación». De modo que «con él nos resucitó y juntamente nos sentó en los cielos», en Dios.

19 NOVIEMBRE
Santos Abdías, Matilde, Rafael Kalinowski, Inés de Asís

Conoced, **examinad la vocación a que fuisteis llamados** «en virtud de la gracia que (te) fue dada» en Cristo, ejercedla, insistid, con ella negociad, que no permanezca en vos [san Pedro Canisio] ociosa, nunca le resistáis, «porque Dios es el que obra en vosotros así el querer como el obrar, en virtud de su beneplácito», que es en sí y por sí infinita y supergloriosa e inefable por Cristo Jesús. «Te dará el Señor inteligencia en todo» y fortaleza, a fin de que el nombre del Señor, en esperanza de mejor vida, por vuestro medio en muchísimos fructifique y sea ilustrado.

20 NOVIEMBRE
Santos Crispín, Edmundo, Francisco J. Cân

Cuando el **enemigo de la naturaleza humana** fuere sentido y conocido por su cola serpentina y el mal fin a que induce, aprovecha a la persona que fue tentada por él, mirar luego el curso de pensamientos que le trajo, y el principio de ellos, y cómo poco a poco procuró hacerla descender de la suavidad y gozo espiritual en que estaba, hasta traerla a su intención pervertida, para que, sacando experiencia de este conocimiento, en adelante se guarde de sus engaños acostumbrados.

21 NOVIEMBRE
Presentación de la Virgen María.
Santos Gelasio I, Mauro, Rufo

Tomando [Jesucristo] todas nuestras miserias para hacernos exentos de ellas; queriendo ser vendido por rescatarnos, infamado por glorificarnos, pobre por enriquecernos, tomando muerte de tanta ignominia y tormento por darnos vida inmortal y bienaventurada. ¡Oh cuán demasiadamente es ingrato y duro quien no se reconoce con todo esto **muy obligado de servir diligentemente y procurar la honra de Jesucristo!**

22 NOVIEMBRE
Santos Cecilia, Filemón, Benigno

Siendo una ánima tan elegida, y así visitada, y esclarecida de sus inestimables gracias y dones espirituales, con mucha facilidad compone y dispone de sus potencias interiores, resignando todo su entender, saber y querer debajo de la suma sapiencia y bondad infinita; así en todo dispuesta, confiada y resignada, deseando ser regida y gobernada de su Criador y Señor, es muy propio de la su divina majestad tener **sus continuas delicias y poner sus santísimas consolaciones en ella**, hinchiéndola toda de sí mismo, para que haga mucho y entero fruto espiritual, y siempre en aumento a mayor gloria de la su divina bondad.

23 NOVIEMBRE
Santos Clemente I, Columbano, Lucrecia. Beato Miguel A. Pro

El contentamiento que en esta vida puede haberse, la experiencia muestra que se halla, no en los flojos, sino **en los que son fervientes en el servicio de Dios**. Y con razón; porque esforzándose de su parte [a] vencer a sí mismos y deshacer el amor propio, [quiten] con él las raíces de las pasiones y molestias todas, y también, con alcanzar los hábitos virtuosos, vienen naturalmente a obrar conforme a ellos fácil y alegremente.

24 NOVIEMBRE
Santos Andrés Dung-Lac, Crisógono, Flora y María, Mateo Alonso

La tibieza es causa de siempre vivir con molestias, no dejando quitar la causa de ella, que es [el] amor propio, ni mereciendo el favor divino.

Así que deberíais animaros mucho a trabajar en vuestros loables ejercicios, pues aun en esta vida sentiréis el provecho del fervor santo, no sólo en la perfección de vuestras ánimas, pero aun [en] el contentamiento de la presente vida.

25 NOVIEMBRE
Santos Catalina, Moisés, Pedro y Águeda Yi

A los que proceden de bien en mejor, el ángel bueno toca al alma dulce, leve y suavemente, como gota de agua que entra en una esponja, y el ángel malo toca agudamente y con ruido e inquietud, como cuando la gota de agua cae sobre la piedra.

26 NOVIEMBRE
Santos Juan Berchmans, Delfina, Conrado. Beato Santiago Alberione

No consintáis que os hagan ventaja los hijos de este mundo en buscar con más solicitud y diligencia las cosas temporales que vosotros las eternas. Avergonzaos que ellos corran con más prontitud a la muerte que vosotros a la vida.

27 NOVIEMBRE
Ntra. Sra. de la Medalla Milagrosa. Santos Facundo y Primitivo

Es bien menester **mostrar por obras** vuestro deseo.

28 NOVIEMBRE
Santos Catalina Labouré, Esteban, Andrés Trân
No dejen ir a **nadie triste** en lo posible, si no es para bien de su alma.

29 NOVIEMBRE
Santos Saturnino, Iluminada, Francisco A. Fasani. Beato Bernardo F. de Hoyos
No puede haber mayor **error en las cosas espirituales**, que querer dirigir a los otros según uno mismo.

30 NOVIEMBRE
Santos Andrés Apóstol, Cutberto, Tadeo Liu
Cristo nuestro Señor y sabiduría eterna dé a todos luz para conocer siempre y cumplir siempre su santísima voluntad.

DICIEMBRE

1 DICIEMBRE
Santos Nahún, Florencia, Eligio, Edmundo. Beato Carlos de Foucauld

A los que proceden de mal en peor, los dichos **espíritus [del mal] tocan de modo contrario**; la causa de esto es que la disposición del alma es contraria o semejante a los dichos espíritus. Porque cuando es contraria entran con estrépito, sensible y perceptiblemente; y cuando es semejante entran con silencio, como en propia casa a puerta abierta.

2 DICIEMBRE
Santos Habacuc, Bibiana, Silverio

Si yo hago [alguna **donación**] **a parientes** o amigos o a personas a quienes tenga afecto, tendré que fijarme en cuatro cosas. La primera es que aquel amor que me mueve y me hace dar la limosna, descienda de arriba, del amor de Dios nuestro Señor; de forma que sienta primero en mí que el amor mayor o menor que tengo a las tales personas es por Dios, y que en la causa por la que más las amo reluzca Dios.

3 DICIEMBRE
Santos Francisco Javier, Sofonías, Lucio, Casiano

Que penséis que el **Señor vuestro os ama**, lo que yo no dudo, y que le respondáis con el mismo amor.

4 DICIEMBRE
Santos Juan Damasceno, Bárbara, Juan Taumaturgo, Bernardo

No seáis, por amor de Dios, remisos ni tibios; que, como dice, el aflojamiento quiebra el ánimo, como la tirantez el arco; y al contrario, el alma de los que trabajan se llenará de vigor y lozanía, según Salomón.

5 DICIEMBRE
Santos Sabas, Juan Almond, Crispina

Los **defectos** conservan la virtud.

6 DICIEMBRE
Santos Nicolás, Pedro Pascual

Considerar, como si estuviera en el artículo de la muerte, la forma y medida que entonces querría haber tenido en el oficio de mi administración; y regulándome por aquella medida, proponer guardarla al **distribuir limosnas**.

7 DICIEMBRE
Santos Ambrosio, Sabino, Urbano, Fara

La cual [la **obediencia**] todos se dispongan mucho a observar y señalarse en ella [...] teniendo entre los ojos a Dios nuestro Criador y Señor, por quien se hace la obediencia, y procurando de proceder con espíritu de amor y no turbados de temor.

8 DICIEMBRE
INMACULADA CONCEPCIÓN DE MARÍA.
Santa Narcisa de Jesús

Ver a **nuestra Señora** mucho propicia *delante del Padre*, a tanto, que en las oraciones al Padre, al Hijo, y al consagrar suyo, no podía que a ella no sintiese o viese, como quien es **parte o puerta de** *tanta gracia, que en espíritu sentía* (al consagrar mostrando ser su carne en la de su Hijo) con tantas inteligencias, que escribir no se podría.

9 DICIEMBRE
Santos Juan Diego, Leocadia, Siro, Pedro Fourier

Haceros muy virtuosos y buenos, porque así seréis idóneos a hacer los prójimos tales cuales sois.

10 DICIEMBRE
Ntra. Sra. de Loreto. Santos Eulalia de Mérida, Mauro, Gregorio III

Con toda devoción a mí posible, a V. R. me ofrezco como uno de los sus allegados o hijos espirituales en el Señor nuestro, para **hacer con entera voluntad cuanto me fuere ordenado en el Señor de todos**, y su divina majestad me diere fuerzas para ello; porque haciéndolo, me persuado que me será mucha ganancia en la su divina bondad, así en satisfacer en alguna manera a lo que me tengo por tanto obligado, como [porque] en servir a los que son siervos de mi Señor, pienso servir al mismo Señor de todos.

11 DICIEMBRE
Santos Dámaso, Maravillas de Jesús, Daniel, Sabino

Dar señal de **gratitud** y de entero conocimiento, dando intensas gracias a Dios nuestro Señor, y a V. R. en su santísimo nombre, por todo cuanto **a mayor gloria de su divina majestad** y mayor aumento y devoción de los que somos de V. R., se ha empleado.

12 DICIEMBRE
Ntra. Sra. de Guadalupe (América).
Santos Israel, Simón Phan

El nada en demasía, dicho del filósofo, **de debe en todo guardar**, aun en la justicia misma, como leéis en el Eclesiástico: No seas justo en demasía. A no tener esta moderación, el bien se convierte en mal y la virtud en vicio, y se siguen muchos inconvenientes contrarios a la intención del que así camina.

13 DICIEMBRE
Santos Lucía, Otilia, Autberto

Llaman vulgarmente **escrúpulo** al que procede de nuestro propio juicio libre, es a saber, cuando yo libremente juzgo que es pecado lo que no es pecado.

14 DICIEMBRE
Santos Juan de la Cruz, Venancio Fortunato, Herón, Pompeyo

Especialmente habiendo tan **pocos hoy verdaderamente operarios**, que no busquen su interés, sino el de Jesucristo; que tanto más debéis esforzaros por suplir lo que otros faltan, pues Dios os hace gracia tan particular en tal vocación y propósitos.

15 DICIEMBRE
Santos Valeriano, Maximino, María Crucificada de Rosa

[Si] bien miraseis cuánta sea la obligación de tornar por la honra de Jesucristo y por la salud de los prójimos, veríais cuán debida cosa es que os dispongáis a todo trabajo y diligencia por **haceros idóneos instrumentos de la divina gracia** para tal efecto.

16 DICIEMBRE
Santos Ageo, José Mañanet, Everardo, Adelaida

Quien quisiese seguir más su parecer, oiga lo que san Bernardo le dice: Cuanto sin el consentimiento y voluntad del padre espiritual se hace, se pondrá a cuenta de la vanagloria, no para recibir galardón.

17 DICIEMBRE
Santos Juan de Mata, Modesto

Quiere Dios que la causa inmediata que Él usa como instrumento, como es el predicador o confesor, sea humilde, paciente y caritativo. En manera que, **aprovechando a vosotros mismos en toda virtud, grandemente servís a los prójimos**; porque no menos, antes más apto, instrumento para conferirles gracias aparejáis en la vida buena que en la doctrina, bien que lo uno y lo otro requiere el perfecto instrumento.

18 DICIEMBRE
Nuestra Señora de la O, Esperanza, Macarena. Santos Malaquías, Pedro Nguyen

Un **modo de ayudar a los prójimos**, y que mucho se extiende, consiste en los santos deseos y oraciones.

19 DICIEMBRE
Santos Anastasio I, Urbano, Gregorio

Sólo **deseo que confiéis en Dios**, a quien os habéis entregado, y que os preparéis para todo lo más grande.

20 DICIEMBRE
Santos Domingo de Silos, Ceferino, Ursicino

En las cosas difíciles se toma experiencia del **verdadero provecho espiritual**.

21 DICIEMBRE
Santos Pedro Canisio, Miqueas, Temístocles

Demos **gracias a Dios por la inefable misericordia y piedad** con que nos colma por la eficacia de su glorioso nombre. Muchas veces me conmuevo cuando oigo y en parte veo con los ojos, así de vos [san Pedro Canisio] como de otros llamados a nuestra Compañía en Cristo Jesús.

22 DICIEMBRE
Santos Queremón, Isquirión, Francisca Javiera Cabrini

Este es **mi gozo** en Cristo Jesús: ver el nombre del Señor, **ver a Jesucristo manifestándose a todos** los de su Iglesia en virtud de su sangre y cómo en muchísimos fructifica y crece.

23 DICIEMBRE
Santos Juan de Kety, Ivón, Juan Stone, María Margarita

Esta **pobreza** es aquella **tierra fértil** de hombres fuertes, «pobreza fecunda de varones», decía el poeta, lo que mucho más cuadra a la pobreza cristiana que a la romana. Es aquella **fragua que pone a prueba** el progreso de la fuerza y virtud en los hombres, y donde se ve cuál es el verdadero oro y cuál no lo es. Es el **foso que deja seguro** el campo de nuestra conciencia en la religión. Es aquel **fundamento** sobre el cual parece que Jesucristo demostró debía edificarse el edificio de la perfección, diciendo: «Si quieres ser perfecto, vende todo lo que tienes, dalo a los pobres y sígueme». Es la madre, el tesoro, la **defensa de la religión**, porque le da el ser, la nutre, la conserva, como, al contrario, la afluencia de cosas temporales la debilita, gasta y arruina.

24 DICIEMBRE
Santos Antepasados de Jesús, Delfín, Tarsila

Llamo gracia a la pobreza, porque es un don de Dios especial, como dice la Escritura: «Pobreza y riqueza de Dios proceden», y siendo tan **amada de Dios**, cuanto lo muestra su Unigénito, «que, dejando el trono real», quiso nacer en pobreza y crecer con ella. Y no sólo la amó en vida, padeciendo hambre sed y no teniendo «dónde reclinar la cabeza»; mas también en la muerte, queriendo ser despojado de sus vestiduras, y que todas sus cosas, hasta el agua en la sed, le faltase.

25 DICIEMBRE
NATIVIDAD DEL SEÑOR

El día de Navidad pasada, en la iglesia de Nuestra Señora la Mayor, en la capilla donde está el pesebre donde el niño Jesús fue puesto, con la su ayuda y gracia **dije la mi primera misa.**

26 DICIEMBRE
Santos Esteban, Dionisio, Zenón, Zósimo

Los **pobres voluntarios** por no tener ni amar cosa terrena que puedan perder, tienen una paz imperturbable y una suma tranquilidad en esta parte, mientras que los ricos están llenos de tempestades; y en cuanto a la seguridad y pureza de conciencia, tienen una alegría continuada, como un suave convite, sobre todo en cuanto que la misma pobreza les dispone a las divinas consolaciones, que suelen tanto más abundar en los siervos de Dios cuanto menos abundan las cosas y comodidades terrenas, a condición de que sepan llenarse de Jesucristo, de modo que él supla todo y les sea en lugar de todas las cosas.

27 DICIEMBRE
Santos Juan Evangelista, Fabiola, Teodoro

Si alguno amara la **pobreza,** mas no quisiera sentir penuria alguna, ni séquito de ella, sería un pobre demasiado delicado y sin duda mostraría amar más el título que la posesión de ella, o **amada más de palabra que de corazón.**

28 DICIEMBRE
Santos Inocentes, Antonio, Gaspar de Búfalo

Cuanto más los **buenos pensamientos** y santas inspiraciones se introducen, «a las cuales debemos dar entero lugar, abriendo en todo las puertas de nuestra ánima».

29 DICIEMBRE
Santos Tomás Becket, David Rey, Martiniano, Marcelo

De mi **salud corporal**, tengo poca. Sea bendito el que con su sangre y vida nos la adquirió eterna en la participación de su reino y gloria, y Él dé gracia cómo **la temporal disposición**, buena o mala, de nuestros cuerpos, y todo lo demás que Él en sus criaturas ha puesto, **siempre se emplee en su mayor servicio**, alabanza y gloria. Amén.

30 DICIEMBRE
Sagrada Familia. Santos Félix, Hermes, Rainiero, Rogelio

Sólo **os pido** por el amor de Jesucristo, cabeza de ella, aunque común Señor y Dios de todo lo creado, **que mucho nos encomendéis** en vuestras oraciones a su divina Majestad, para que se digne cada día más servirse y glorificarse en ella.

31 DICIEMBRE
Santos Silvestre, Columba, Melania, Juan F. Regis

Pedir conocimiento interno de tanto bien recibido, para que reconociéndolo yo enteramente, pueda **en todo *amar y servir*** *a su divina majestad*.

COLECCIÓN
"UN PENSAMIENTO PARA CADA DÍA"

1. DAVID: LOS SALMOS
2. SALOMÓN Y LOS SABIOS
3. SAN PABLO
4. SAN AGUSTÍN
5. PADRES DE LA IGLESIA/1
6. SANTO TOMÁS
7. SANTA CATALINA DE SIENA
8. SAN IGNACIO
9. SANTA TERESA
10. SAN JUAN DE LA CRUZ
11. SAN JUAN DE ÁVILA
12. FRAY LUIS DE GRANADA
13. SAN FRANCISCO DE SALES
14. EL CURA DE ARS
15. SANTA TERESITA
16. SAN JUAN BOSCO
17. SAN CLAUDIO DE LA COLOMBIÈRE
18. SANTA FAUSTINA KOWALSKA
19. SANTA GENOVEVA TORRES
20. SANTA ÁNGELA DE LA CRUZ
21. SANTA MARAVILLAS DE JESÚS
22. PADRE PÍO
23. MADRE TERESA
24. JUAN PABLO II
25. PADRES DE LA IGLESIA/2
26. SANTA MARGARITA Mª ALACOQUE
27. SAN FRANCISCO JAVIER
28. SAN RAFAEL ARNÁIZ BARÓN